あなたの空間が聖地になる

パワースポットのつくりかた

瞑想家
上田サトシ

フォレスト出版

はじめに

「パワースポットに行くとなぜか元気が出る」
「パワースポットに行くとすがすがしい気分になる」
「パワースポットに行ったらモヤモヤしてた問題が解決した」
「パワースポットに行ってから運気が好転した」

そんな声をよく聞きます。

事実、パワースポットには、高いエネルギーが充満しています。そのエネルギーのシャワーを浴びることで、あなたの心や身体《からだ》の力が活性化するのは間違いありません。心が活性化すれば、精神力が高まるばかりか、集中力や理解力、代謝や免疫力が高まります。仕事や子育て、人生を前向きに捉《とら》えられるようになり、運気が好転するのもうなずけます。

私自身も世界各地のパワースポットを巡り、エネルギーを受け止めて心身の中に流して癒《い》やしてきた経験があります。

このパワースポットの力を自宅や店舗、オフィスなどで再現できないだろうか。

これが本書の目的です。

「パワースポット」は自分でつくれるのか？

結論からいってしまえば、あなたの暮らしの場にパワースポットをつくりだすことは可能です。頻繁にパワースポットに出向かなくても、あなたの暮らしを改善することができるのです。**本書では、そのパワースポットを生みだすノウハウを紹介し、手順を追って自分でできる方法を初公開します。**

私は瞑想《めいそう》を教えたりヒーリングなどのセッションを通して、いろいろな世代の、さまざまな仕事を持つ、多彩な生き方をしている人々の幸せを導く仕事をしています。

主婦の方もいれば、ビジネスパーソンもいらっしゃいます。

子どももいれば、終活のまっただなかの方も。

それぞれが人生で多様な悩みを抱えていますが、それがどんな状況であっても、ヒーリングを実施して、ともに瞑想をすることで改善するのは興味深いことです。

人間には目に見えない「たましい」というものが存在します。これを癒《い》やすと生き方が大きく変化して、よりよい人生を展開できるようになるのです。

人間と同様に空間もヒーリングできる

さて、私は人間のヒーリングを専門とするほか、空間のヒーリングも実施しています。空間ヒーリングとは耳慣れない言葉かもしれません。

人間ではない家屋などの建物をヒーリングするとはどういうことでしょう。

あなたは驚くかもしれませんが、実は、空間にも「たましい」というものが存在するのです。

日本では古来より「すべての物に神様が宿る」といわれています。これは八百万《やおよろず》の神という考え方で、この世界に存在するさまざまな物事には「たましい」が宿るという日本人固有の発想です。たとえば、毎日使うお椀《わん》やご飯の粒ひとつにも、それぞれ「たましい」が宿っているのです。

よく「場の空気」とか、気配などを敏感に感じとる人もいますが、これもその場の「たましい」を感じとっている一例です。

あなたの家庭や店舗や事務所などが、なんだか暗い、笑いがない、コミュニケーションがよくない、客が集まらない、収益が上がらないといった問題を抱えている場合、それはあなた自身の心の乱れだけでなく、その空間に停滞しているエネルギーが原因で生じているのです。

さらに言えば、**あなたの「たましい」と空間の「たましい」はまるで双子のように対応していて、それぞれが影響し合っています。**

私はこのことに気づいてから、人間だけでなく、空間ヒーリングの手法を使って、暮らしの場にパワースポットを生み出す試みをしています。パワースポットをつくりだすことで、過ごす空間に新たな息吹が注がれて、その空間は活気に満ちます。

さらにその空間で暮らすことにより、あなた自身の生き方も変化していきます。私はこの空間ヒーリングを実施することで、その場にパワースポットを生み出し、みなさんの幸せづくりのお手伝いをすることを生業《なりわい》にしているのです。

空間の「たましい」を蘇らせて
パワースポット化する

空間は「たましい」を持つ生き物です。

想像してみてください。

昨日までどんよりとしていた職場や家。そしてそこで過ごす人たちや家族。これといった不満はないかもしれないけど、ただ毎日同じ日々を過ごすだけの空間。

ところが空間の「たましい」をヒーリングすると、まるで新鮮な空気が流れるように新しいエネルギーが流れて、すべての物事が動き出すのです。

私はこれまで多くの家庭環境の改善、健康の改善、集客の向上、売り上げ向上など、あらゆるニーズに応じて、パワースポットをつくりだしてきました。

本書はその具体的ノウハウを初めて公開したものです。

あなたが日々過ごす空間が高いエネルギーの場へとつくり変えられ、ますます健《すこ》やかに幸せに暮らせる一助となれば、これ以上の喜びはありません。

CONTENTS

CHAPTER 1

パワースポットの正体とは？

CHAPTER 2

空間をアップデートして運気を向上させつづける方法

CHAPTER 3

パワースポットは誰でもつくれる

CHAPTER 4

パワースポットをつくる実践メソッド36

ブックデザイン／山田知子(chichols)　イラスト／米村知倫　DTP／キャップス
執筆・編集協力／塚越雅之（TIDY）・村井砂織

CHAPTER 1

パワースポットの正体とは？

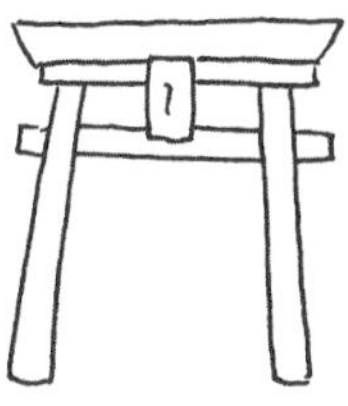

パワースポットは本当に実在するのか

最近はパワースポットブームで、若い人から年配者まで全国各地に足を運んでいます。これは非常によろこばしいことです。物質中心の世の中でどこか満たされない思いが募り、もっと心豊かな暮らしをしたいと願う人々が増えているきざしなのでしょう。

日本にも数え切れないほどのパワースポットが存在します。島根県の出雲大社《いずもたいしゃ》、三重県の伊勢神宮《いせじんぐう》、長野県の諏訪大社《すわたいしゃ》や戸隠神社《とがくしじんじゃ》など多くの霊験《れいげん》あらたかな神社があります。

また屋久島《やくしま》などの島や、長野県の鏡張りの水面が美しい明神池《みょうじんいけ》、アイヌの神が宿る北海道のカムイミンタラ大雪山《たいせつざん》や神の子池、青森県の青池や愛媛県の星が森など、数え切れないパワースポットが存在します。

海外にも宗教的に重要なインドのバラナシやイスラエルのエルサレム、アメリカのネイティブアメリカンの聖地セドナ、メキシコのテオティワカン、イギリスのグラストンベリー、ハワイ島など枚挙にいとまがありません。

なぜ、人々はパワースポットを求めるのか？

実際、パワースポットには驚くべき強力で高いエネルギーがあふれています。**パワースポットである霊山や古代遺跡、巨大石、神社などの多くは、近くに火山があったり、地下に断層の切れ目があったり、山の上がエネルギーの通り道だったりと、エネルギーが集まってくる地点なのです。**私たちは本能でこの力を感じとり、エネルギーが枯渇したときに、これらの地に足を運ぶのです。

もちろんトレンドや話題性から注目を浴びているという側面もあります。いまは神社ブームのまっただ中。老若男女がこぞって神社を訪れています。パワースポットであるという評判から観光地化した神社や聖地も多く見受けられます。

しかし人々がパワースポットに惹《ひ》かれるのは決して、流行だからというだけではありません。物にあふれかえった消費社会において、「目に見えない力」は失われつつあります。私たちはいつのまにか人間として大切な自然とのつながり、宇宙や地球との関わり合いを忘れてしまい、よりどころを失い、迷い子のようになって、心を満たすような何かを探し求めています。そんな時代だからこそ、人は「見えない力」を持つ自然や神社や古代遺跡などのパワースポットに出かけていくのです。

精神性の成長と心身の健康を求めるのが人間の本質です。太古より「よりよく生きたい」という本能は不変でした。それが、今この時代の変換期に、より明瞭《めいりょう》に本質的な目には見えない大切なものを探そうとしているのです。

パワースポットは自分でつくりだせる

さて、パワースポットは、日本各地、そして世界中に遍在していますが、私たちの多くはパワースポットの近くに住んでいるとは限りません。パワースポットに旅行に出かけていって、一時的にエネルギーを受けとっても、普通の人には、それを永遠にキープすることはできません。

エネルギーはまた次第に弱まり、やがていつもの自分に戻ってしまいます。

私たちは自分の生きている土地で、仕事をして生活をして、生きていかなければなりません。旅をしてエネルギーを受け止めることはいいことですが、私たちは永遠に聖地に住むことはできないのです。

しかし、もしあなたの土地が聖地になるとしたらどうでしょう。

あなたの住む家が、あなたの仕事をする店舗やオフィスがそのままパワースポットになるとしたら、あなたはこの先ずっと高いエネルギーとともにいられることになるのです。

そしてそれは実現可能なのです。

「自分の場所をパワースポットにする」ということは夢のようですが、可能なのです。

この本の結論を先に言ってしまいましょう。

パワースポットはあなた自身でつくりだせるのです。

図1 パワースポットをあなたの空間にコピーする

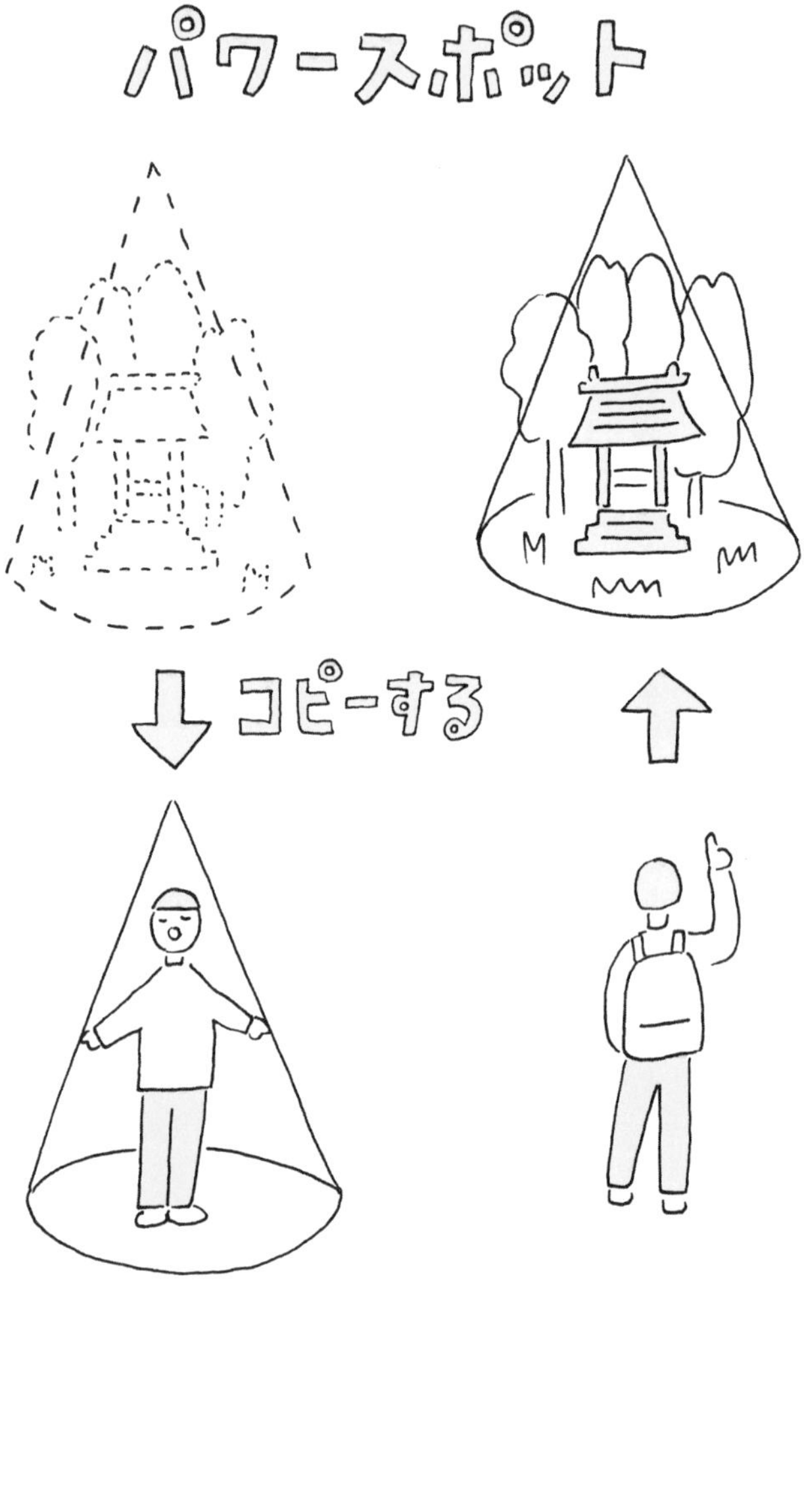

もともとはみんな宇宙のエネルギーとつながっていた

「パワースポットは自分でつくりだせる」

そんなバカな。

それができたら、神社や遺跡などはいらなくなるじゃないか、という声が出るでしょう。

確かに火山や神社や遺跡などは、私たちの想像を超えたエネルギーに満ちています。

しかし、火山や神社や遺跡などの持つエネルギーと、あなた自身やあなたの空間が持つエネルギーは別物ではないのです。

あなたのつくる空間やあなた自身は、この地球、そして宇宙の持つ大いなるエネルギーの支流です。誰もが巨大なエネルギーの分流なのです。大きな木の幹が巨大なエネルギーの源だとすれば、あなたはその枝だったり、葉っぱだったりするわけです。人間はみな大きなエネルギーとつながっているのです。ただ、いつのまにかつながり方を忘れてしまっていたり、そもそものつながりを自分から放棄してしまっているだけなのです。

子どもの頃はみんなこの大きなエネルギーにぶらさがっていました。

しかし学校や家庭や職場で日常生活を送り、学習して、生活して、労働して、消費する生活の中で、だんだん大きなエネルギーとのパイプを細くしてしまってきたのです。

もちろん、あなた自身のパイプが細くなっているのですから、自分がつくりだす空間のパワーも弱まっています。

さらに、外部から来るさまざまなノイズ、つまり悪意や憎しみ、嫉妬《しっと》や暴力などといったネガティブな思いや感情により、あなたの過ごす空間に淀みや滞りを生み、濁らせてしまっている場合があるのです。

ここが現代人の最大の病理だといっても過言ではありません。

この淀みや滞りといったエネルギーが集まり、さらに大きなネガティブなエネル

ギーとなって、現実的な形となってあなたを攻撃するようになります。

それは家族の不和や体調の悪化、事業の遅延や経営不振など、さまざまな姿を持ってあなたの生活に降りかかってきます。

しかし、希望を持ってください。

このエネルギーの滞りは、本書に書かれている「**空間ヒーリング**」で改善できるのです。

現代人の悩みはすべて空間ヒーリングで解消できる

空間ヒーリングとは、場所の浄化であり、自分自身の浄化です。**自分の居場所をパワースポット化することで、現実世界で起きていることが変化していきます。あなたの心の持ち方、生き方、人生全体がすっきりと調和を持って、大胆に変わっていくのです。**

パワースポットを生み出すには、まず自分自身も変わらなくてはなりません。自分自身を変化させ、現実世界、具体的には家屋そのものや家屋のレイアウトや物の配置の変更など、自分自身と環境の両方からの働きかけにより、相乗効果で、高いエネルギーとのパイプを太くしていくのです。

さて、では本書を読んでいただくことで、どんな悩みを解消できるのでしょうか。悩みは人それぞれです。人はそれぞれ置かれている状況が異なります。あなたが抱えている症状を具体的にひも解いてみましょう。

自宅における悩み

なんとなく家族との関係がぎくしゃくしている。会話が少ない。すぐに対立する。
家族の心身に不調がある。不眠が続く。うつ症状が続く。不定愁訴がある。
子どもの成長に不安がある。子どもが過剰に反抗する。子どもに活力がない。
自分の心身の健康に不安がある。なんとなくだるい。ため息ばかりついている。
家屋の中で事故やトラブル、アクシデントが重なる。

店舗・個人事務所における悩み

品質やサービスは悪くないはずなのに、なぜかお客さんが入らない。
収益が上がらず、運営が先細り気味である。
従業員の人間関係が悪く、絶えず争い事がある。
オーナーの理念通りに部下たちが動かない。
陰口、足の引っ張り合いが多い。

規模の大きめのオフィスでの悩み

組織のミッションが浸透せず、部下たちの責任感がない。

チームワークが取れず、みんなが不平不満を口にする。

部門の成果が上がらず、肩身の狭い思いをしている。

良い人材が入ってこない。

人材が育たず、すぐに辞めてしまう。

すべての問題の元凶は空間の歪《ゆが》み

これらの問題に心当たりはありませんか。

あなたもひとつは思い当たる節があると思います。

家族関係がぎくしゃくする、売り上げが上がらない、原因不明の病気に苦しんでいる……。そしてなぜうまくいかないのか、原因もわからないまま悶々《もんもん》と暮らしている人も多いはずです。

うまくいっている家庭や組織はすがすがしく軽やかで、活気に満ちた空気が流れています。家族間のコミュニケーションは良好で、職場の雰囲気もよく、チームワークが取れています。健康的ではつらつとした環境をエンジョイしています。

一方、うまくいっていない家庭や会社は、なんとなく暗く淀《よど》んだ空気が流れています。この違いは一体何が影響しているのでしょうか。それぞれの事情は違いますし、置かれた状況も違います。

しかし、根っこは一緒です。これらの問題の根源にあるのは、その空間にはびこっている淀みや滞りなど、エネルギーの流れの乱れや停滞に原因があるのです。

それぞれの事情は違っても、根本的にはひとつの問題に絞られるのです。

気合いや根性、ビジネススキルでは解決できない心の問題

家族との関係がぎくしゃくしている家庭から、私はよく相談を受けます。家族とのコミュニケーションがうまくいかない。夫婦間はとても冷め切っている。子どもはなかなかこちらの気持ちを受けとってくれず、部屋に引きこもる。一緒に暮らしているのに、会話や笑いがない。子どもの進路の問題でも、夫婦間で意見が食い違う。当の子どもたちもやる気が起きないなど、問題はどの家庭でもあることです。

お互いを憎み合い、罵《のの》り合う。また、殻に閉じこもって心を開かないため、さまざまな軋轢《あつれき》を生じます。それでも、いがみ合い、何の解決にもならないとわかっているのに、壁をつくって分かち合えない。

私たちが望んでいる「人生のゴール」は、お互いが尊重し合い、笑顔と活気のある関係をつくることです。 無理やり相手を振り向かせることや、子どもを強制する

ことではありません。

多くの自己啓発書では自分のマインドセットを変えて、新しい視点で自分を変えることを勧めているようです。**ポジティブシンキングやスピリチュアルな各種自己啓発書は一時的には気分を変えてくれますが、数日もすると、元の自分に戻ってしまいます。**そういったことは、もう多くの方々が体験済みでしょう。

自分の人格は簡単には変わらない

そんなに簡単に自分の人格や行動様式、思考方法が変わるはずはありません。自分が変われば、苦しみから逃れられる。確かにそうかもしれません。**しかし、頭の中で観念的に心をコントロールしようとしても、なかなかうまくはいきません。**

さらに、子どもの発達障がいなどの問題は、医療の進歩や教育制度などの見直しによって社会的には理解されつつありますが、完全な解決に至るには難しいところがあります。

これらの家族間の問題は、根性だ、気合いだ、優しさだ、愛だなどの観念的なアプローチだけではなかなか解決しません。

もちろんそれは仕事でもいえることです。

上司のパワハラ、部下が言うことを聞かない、チームがバラバラ、お客さんが来ない、売り上げが伸びない……それぞれに悩みはあると思います。これらの問題も精神論では解決できません。

たとえ、コンサルタントやアドバイザーが入って、杓子定規《しゃくしじょうぎ》なソリューションを実行したとしても、根本的な解決にはならないのです。

あなたの不調、家族の不和、仕事の混乱はあなたの身体や性格の問題だけではなく、自分ではわからない無意識の心の問題をはらんでいるのです。表面的な出来事の背後のもっと深いところで問題は起きているのです。

では、もう少し、不調や混乱の原因を詳しく説明していきましょう。

空間を変えるには自分自身の「思い」を変える必要がある

まずはあなたの心の構造をみてみましょう。

あとから説明しますが、心の構造を知ることは、空間ヒーリング、つまりパワースポットをつくりだす上で非常に大事なことなので、ここはしっかりと理解しましょう。

あなたや家族のひとりひとり、すべての人間は3つの要素で構成されています。この3つを知ることで、問題解決の第一歩が始まり、心の構造をすっきりと捉えることができます。

人間は、意識（Spirit）、心（Mind）、身体（Body）で構成されています。

簡単に言いますと、**「意識」というのは、宇宙の「意識」の分かれたものであり、いつも宇宙と「パイプ」のようなものでつながっているのです。**

人は意識を失うと身体が動かなくなってしまいます。しかし「意識」は、宇宙とつながっていて、死んだ後は元来た場所へと帰ろうとします。

心は現実世界で起きた現象を感情と一緒に記録する「感情記録装置（感情メモリー）」のようなものです。


身体とはご存じの通り、「肉体」です。

よく人間は「心」と「身体」でできているという二元論の立場を耳にします。

しかし、人間には、それともうひとつ、「意識」というものがあるのです。繰り返しになりますが、「意識」とは、本当の自分自身であり、本質的なものです。それを「神様の意志」と呼ぶ人もいるようです。

つまり「意識」とは、本来の自分自身であり、非常に霊的なものなのです。これに対して、「心」とは簡単にいえば、「感情」をつかさどる部分であり、霊的な「意識」とは分けて考えるべきです。

意識―心―身体の連動が
人間の「運勢」を決める

たとえば多くの人の「意識」は、寝ている間に飛んでいるようです。

それでも夢は見ています。寝返りも打ちます。「意識」がなくても、「心」は夢を見ますし、快不快を感じます。快不快を感じるから、「身体」は寝返りを打ちます。要するに「意識」が身体にいない状態でも、身体はある程度維持されるのです。

そして「意識」とは、本当の自分自身であり、霊的なものです。宇宙の大いなる「意識」の一部であり、いつか宇宙に帰っていくものです。人間が死んだ後に身体が土に還るように、「意識」は宇宙に帰っていきます。しかし生きている間は身体を動かして、経験したりする大切な要素なのです。

実はこの意識—心—身体のすっきりとした連動が人間の運命を左右しているのです。

のちほど、詳しくご説明しますが、これを理解することが、パワースポットづくりを成功させる根底の考え方です。

何もかもうまくいっている人というのは、意識—心—身体が1本にすっきりと結ばれています。ところが、現実世界のさまざまなトラブルは「心」にいつも淀みや滞りを注ぎ込みます。「心」に淀みや滞りが忍び込むと、意識と心の間に亀裂《きれつ》が生じ、「意識」が弱まります。「意識」が弱まると、宇宙からのエネルギーを受け取ることができなくなり、現実の世界で起きる様々な事柄を維持したり、新しい事柄をつくりだすことができなくなってしまうのです。そうすると「心」にストレスを抱え、「身体」が病気になっていきます。

そしてここが重要です。

意識──心──身体のズレ・不調和は、そっくりそのまま生活空間や職場に影響を及ぼしてしまいます。心にストレスを抱えると、おのずとその人の身体に不調が現れ、住む空間にもエネルギーの滞りが出てくるのです。

人間の不調和は、現実世界やあなたの生きている家屋や店舗・事務所などの空間に直に影響を与えます。もっといえば、人間自身の不調和が、ぎくしゃくした空間をつくりだしているのです。

家庭であれば、あなたの家族に対する思いが、住む土地や家屋、家屋のレイアウトなどの不具合として如実に表れます。

店舗やオフィスについても同様です。

売り上げの低下や業績不振、従業員間の人間関係のトラブル、部下とのコミュニケーションの断絶、事業の継承などの軋轢は、家庭の問題と同じようにその店舗やオフ

図2 意識—心—身体

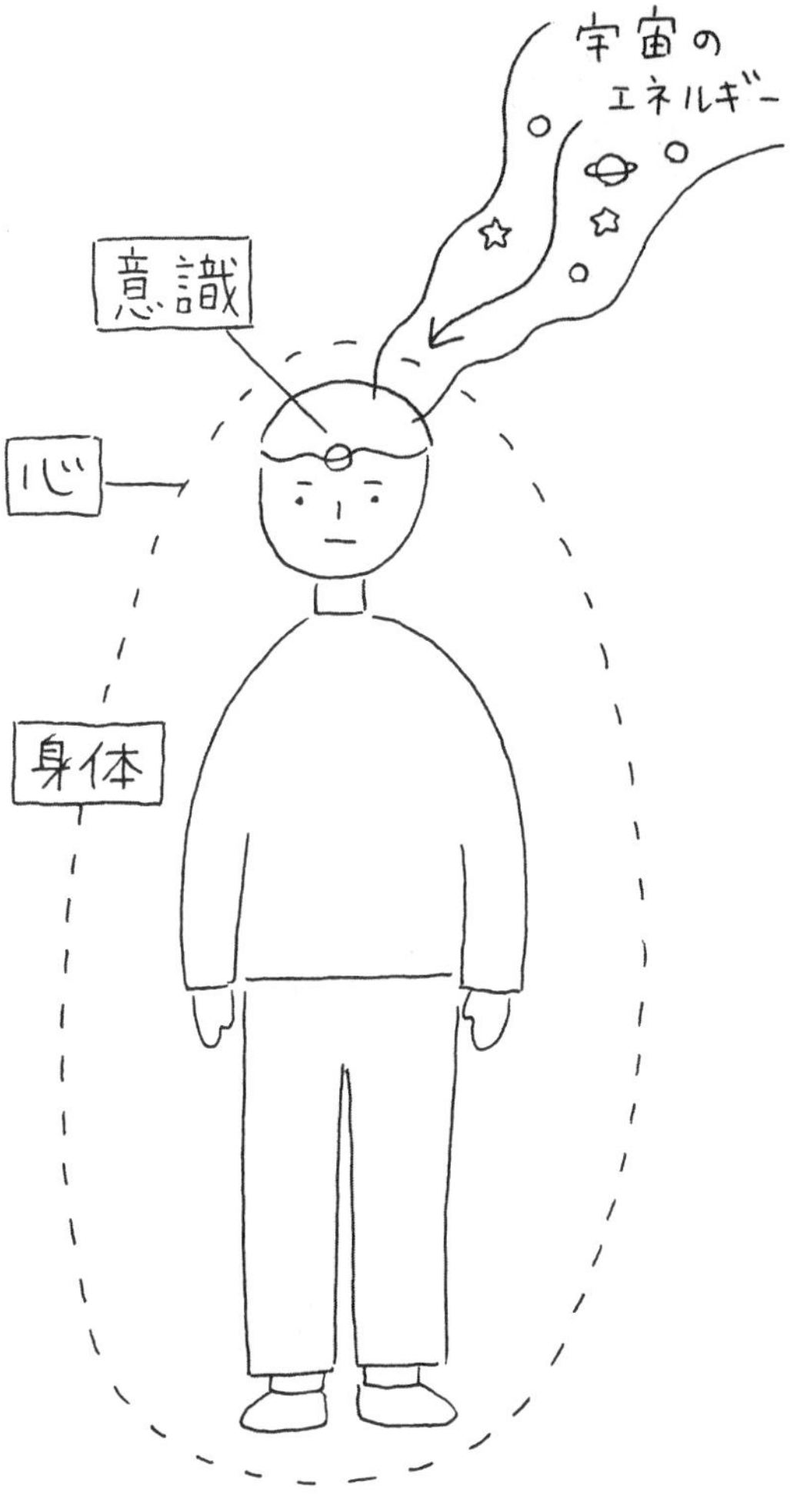

ィスなどの不具合としてはっきりと現実に表れてくるのです。
つまり人間の意識―心―身体の不調は、空間にありありとその症状を刻印してしまいます。**人間と空間は表裏一体なのです。**

空間を見直すだけで、人生も激変する

「そんなバカなことがあるわけはない。自分の思いが現実をつくっているなんて……」

そう思うかもしれません。しかし、それは事実です。

では、「ネガティブな人間には、ネガティブな空間しかつくりだせないのか」と思うかもしれません。

確かにネガティブな人の中には、同じような雰囲気の人や空間にいると心地よいと感じる人もいるようです。しかしそんな状態でも、人は誰でも「意識」を強くすることで変わることができるのです。

そして、人間によって空間がつくりだされるのなら、裏を返せば、空間を見直すこと、つまりパワースポットをつくりだすことで、あなたの健康や仕事運、人生の流れなどはすべて逆転できるということなのです。

空間を見直し、改善をすることで、あなた自身が抱えるさまざまな悩み自体も解消していきます。

次章からその具体的な方法を見ていきましょう。

CHAPTER

2

空間をアップデートして運気を向上させつづける方法

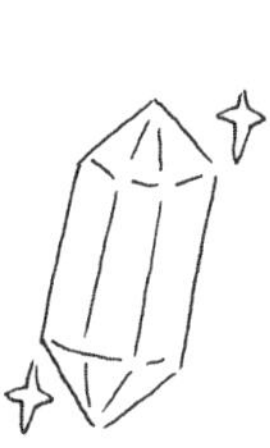

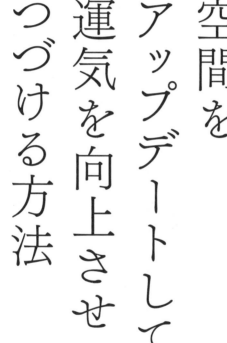

空間の浄化は、「運勢」の浄化である

さて、意識―心―身体の関係を明らかにしました。

これを家庭や店舗、オフィスと重ね合わせて考えてみましょう。

人間には意識―心―身体の3要素があると述べましたが、実は不思議なことに、空間にも意識―心―身体があるのです。**人間に「意識―心―身体」の3要素があるのとそっくりそのまま、空間も「意識―心―身体」で構成されています。**

空間ヒーリングを行う際は、人間の構造を空間の構造と対応して考えます。

人間の肉体である「身体」は、空間にあてはめると家屋、店舗、オフィスそのものの物体にあたります。

「心」とは、現実世界での経験が、感情や情報となって蓄積される場所です。「心」は空間になぞらえると、その空間を管理しているリーダーや責任者の「思い」です。

図3 意識─心─身体の相関は人間も空間も同じ

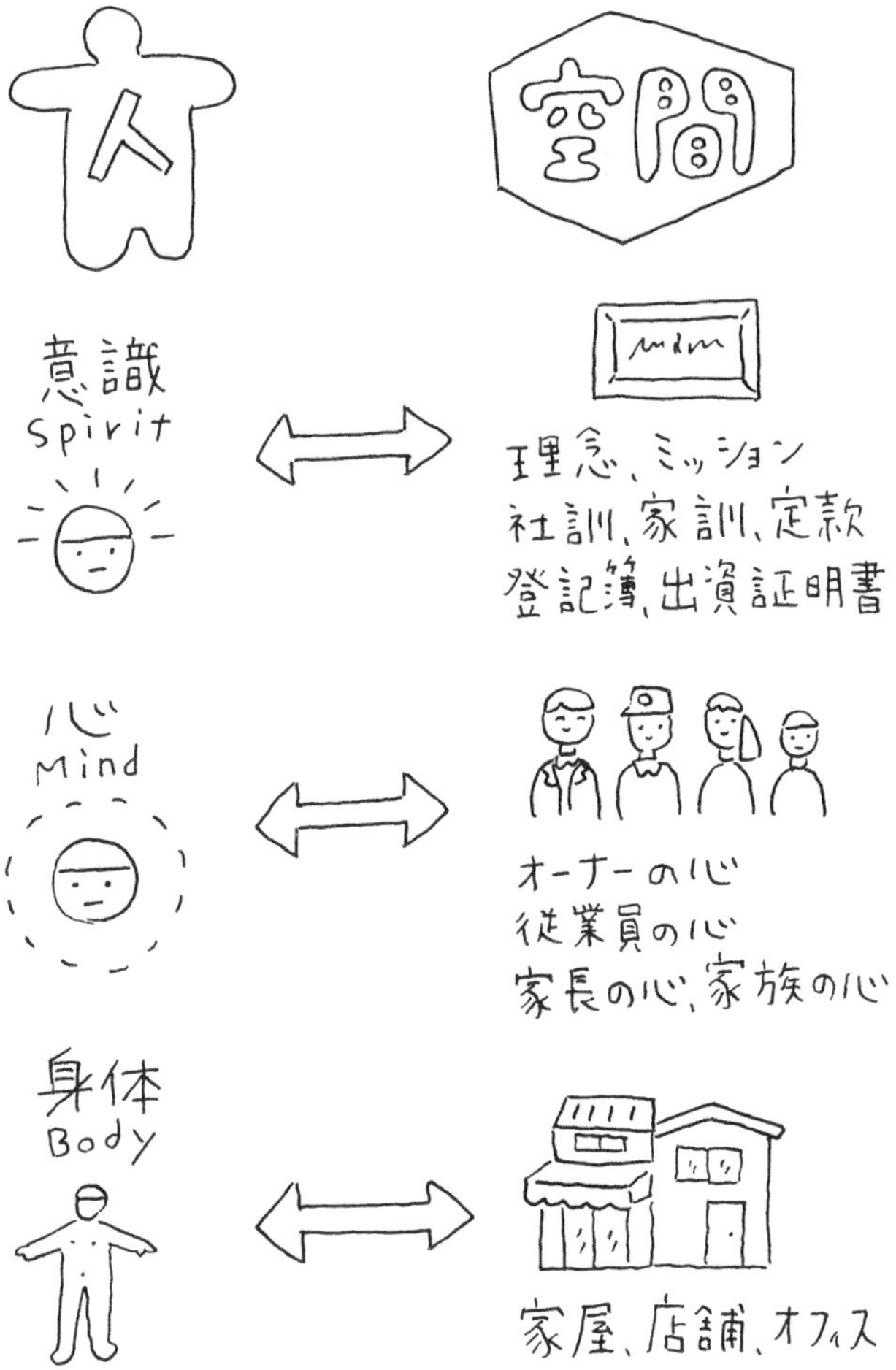

私たちの「意識」は聖なるもので、宇宙とつながっています。そういう意味では、私たちの「意識」を成長させることは、宇宙の「意識」を成長させることと同じなのです。

空間において「意識」にあたるのは、家庭、店舗、オフィスなどの理念やミッションです。そして「意識」を中心に、そこで時を過ごす人たちや働く人が、様々な出来事を通して「心」を成長させていきます。

このプロセスを通して、理念やミッションなどの「空間の意識」つまり「たましい」は、私たちにとって役に立つ、そして意味のあるものへと成長して、最終的には宇宙の「意識」が成長していくのです。

オーナーの「心」がブレると、宇宙からのエネルギーが途絶える

前頁の図3を見てください。

人の「意識」を空間に当てはめると、図の中に「理念」「ミッション」「社訓」「定款」などがあることに注目してください。

人間にとって「意識」とは、宇宙の「意識」そのものであり、崇高なものです。つまり空間にとっても崇高な部分にあたります。「理念」や「ミッション」「社訓」「定款」などは、その空間にとってもっとも大事な「たましい」であり心臓部です。

家庭、店舗、事務所などはこの意識の統制のもと、それぞれの個性や機能をつくりだしています。

人間にとって、「意識」がその人の存在意義を生みだし、空間にとっても同様に、「意識」がその空間の存在意義を生みだすのです。

空間の「意識」とは、「理念」「ミッション」「社訓」「定款」などにあたります。「意識」は、「自分が何者なのか?」を知りたくて、自分自身をこの世界に存在させるのです。その「意識」が強くなればなるほど、存在する力が強くなり、より多くの宇宙と地球のエネルギーが流れ、結果として「聖なる人、聖なる場所」になっていくのです。

ところが、この「意識」が明確に設定されていても、「心」の中に歪みが生じてくると、その空間に流れるエネルギーにも歪みや淀みが出てしまいます。

「心」とはつまり人間の感情的な部分です。「心」が乱れていると、意識から空間

にスムーズにエネルギーが注がれなくなるのです。

これは39ページの図の「オーナーの心」や「従業員の心」「家族の心」などに該当します。

具体的にはその空間のオーナーの気持ちがブレていたり、管理者の足を引っ張る従業員がいたりするケースです。

「心」が揺らいでいると、とたんにその空間は淀んで崩壊へと進んでいきます。

「心」の部分が崩れると、上の階層の「意識」にも影響を与え、エネルギーが流れなくなります。そして現実の場所である「身体」、つまり家屋やオフィス自体もすさんでいくのです。空間ヒーリングはこの「意識―心―身体」の各層の歪みを見つけ出し、浄化してエネルギーの流れを修正する技法なのです。

パワースポットは人や空間を大きく成長させる

人間は、意識―心―身体の3要素でできています。

この3つの要素が一直線に整っていれば、宇宙や地球からのエネルギー、つまり気の流れがよくなり、運気が好転します。

一方、意識―心―身体のバランスが悪いと、気の流れが滞って、運勢はよくない方向へと向かいます。

同じように、家庭や店舗などの空間にも、意識―心―身体があります。

こちらも、きっちりと整っていれば、宇宙と地球のエネルギーが流れて、その家庭、店舗、オフィスなどの運気も向上します。**人間も空間も同様に、意識―心―身体があり、それぞれの各パーツは対応しています。あなたが心の悩みを持っているならば、空間を変えることによって、あなたの悩みも解消できるのです。**

人も空間も生き物。常に変化しつづける

では、家庭や職場のレイアウトをがらりと変えてしまえば、それで永遠に運気が向上し続けるかといえば、答えはイエスでありノーです。

あなたが私のメソッドを活用して災いを駆除すれば、一時的には改善が見られます。

しかし人も空間も動いていて、常にそのエネルギーの流れと質は変化しています。

家族は成長するし、従業員も入れ替わります。そればかりではありません。家の内外の物理的な環境の変化、たとえば、近所に巨大なビルが建ったり、悲惨な事故が起きたりすることも家のエネルギーに変化を与えます。

店舗やオフィスについても同様です。隣に新しい店舗が入る、建物の老朽化、自然災害などにより、エネルギーの磁場は多様に変化します。時代の要請に従い、理念やミッションを変更せざるをえない場合もあり、環境というものはたいへん流動的です。

一時的な改善はその場しのぎにすぎない

これだけ変化に富んだ環境の中で、永遠に有効な方法などありえないのです。

では、どうすればよいか。空間の配置などを一時的に変えるのは、言ってみれば対症療法です。対症療法によって気やエネルギーの流れを変えることは比較的簡単です。**人間の「身体」と同じように、その場の不具合は、対症療法で改善されるかもしれません。しかし、継続的な体質改善にはつながりません。**

私は人間に対するヒーリングも、空間に対するヒーリングも行っています。その目的のゴールは、人間や人間の住む空間が、健やかで幸せなオーラに包まれて、人々が豊かで幸せな人生を過ごすことにあります。

決してその場しのぎの改善を目指しているわけではありません。私の願いは、あなたの活動する場所に「空間の意識」をセットすることで運気が流れ、人間関係や思いつかないような様々な出来事が自然と起きて、「たましい」が幸せを感じて成長していくことなのです。

成長こそが運気上昇のカギ

長期にわたって運気を向上させる秘訣《ひけつ》は「成長」することです。成長するといっても、いわゆる経験を積んで人間性を高めるとか、成熟するという意味ではありません。ここでいう成長とは**「たましいの成長」**です。

大いなる宇宙からの意識は、分流して、ひとり一人それぞれの身体に宿り、同期しています。そして「身体」に宿った「意識」は、身体の周りの空間にオーラ、すなわち「心」をつくります。

もし「身体」が病気になり、死によって滅んでしまったら、「意識」や「心」はこの地上で成長する場とチャンスをなくしてしまうのです。そのように考えると、**「身体」とそれに対応する家庭・家屋や店舗、オフィスなどの空間は「たましいの成長」の場所そのものなのです。**

そして「身体」や空間（家庭・家屋・店舗・オフィスなど）を癒やすということは、「心」と「意識」の成長の場を癒やすことであり、それは宇宙の「意識」を成長させることにつながります。そうして場を癒やしていくと、エネルギーの流れはさらに高まり、やがてその「空間」は聖地となって運気が上がっていくというわけです。

これが**空間ヒーリングによる運気上昇のしくみです**。

意識―心―身体は、淀むことなく一直線に結ばれている姿が理想です。

「身体」である「空間」をおろそかにして、淀んだ家屋や店舗やオフィスで生活や仕事を行うと、宇宙からの強力なエネルギーや運気を取り逃してしまうのです。

逆に、空間を整えることを怠らなければ、無尽蔵のパワーが空間に流れつづけ、その場所で生活したり働く人たちが幸せになるのです。この全体の流れを「たましいの成長」と呼んでいます。

意識を変えて空間を変える、空間を変えて意識を変える

空間を怠りなく癒やしつづけること。

常にいい気を流して、運気を向上させること。

人生は波瀾万丈《はらんばんじょう》です。

その時々で決断を迫られますし、さまざまなアクシデントにも見舞われます。

そんなときは、神棚に毎日水をお供えするように、瞑想《めいそう》を通して、自分とその空間を整えてみましょう。エネルギーを流して運気を得るために、毎日、自分の「心」に向き合って、いらないネガティブな感情を手放していきましょう。

空間の配置などを工夫するのと同じように、「心」を整えるとあらゆることが楽になります。

まったく違う自分に急に変わることはできませんが、自分の「心」に向き合ってひ

とつ一つ丁寧に少しずつ整理していくことが大切です。

そして、瞑想を通じて心を整えるとき、目をつぶって深呼吸を3回すると「心」が少しずつ落ち着いてくるので試してみてください。

子どもたちから学んだヒーリングの原点

では、なぜ瞑想が役に立つか、少し説明します。

簡単な瞑想の方法についてもこの節でご紹介します。

私が人間と空間の深いつながりに気づくきっかけとなったのは、意外にもカウンセリングにやってくる発達障がいや自閉症の子どもを持つ親たちとの出会いでした。

発達障がい、自閉症のお子さんのママから、子どもたちのことを相談されるようになって、私は母子ヒーリングやお母さんへの瞑想を指導するようになりました。

特に子どもたちとの交流の中で、私は子どもたちが身体バランスを取りにくい傾向にあることに注目しました。

人も建物などの空間も、意識―心―身体で構成されていることは前に述べました。

発達障がいや自閉症の子どもたちの中には、「身体」つまり肉体の機能に障がいのない子どもたちもたくさんいます。にもかかわらず、彼らには「身体」の活動にバランスの悪さを見受けることがしばしばあります。

医学的にはさまざまな見解があると思いますが、ヒーリングの観点から見ると、ひとつの傾向が見て取れます。身体的に問題がないにもかかわらず、動きが緩慢で運動などで遅れが目立つ子どもは、意識―心―身体のバランスが崩れていることが多いのです。

重心のブレは不安や恐怖心から生まれる

特に注目すべきことは、**重心のブレ**です。

なぜ「身体」の重心がブレているのか。諸説あるとは思いますが、私が施術をした子どもたちは、**「意識」から「心」「身体」へとつながる情報伝達の際、「意識」と「身体」の中継地点である「心」に大きなストレスを持っていることが多いのです。**

では、心のストレスとは何でしょうか。

それは**恐怖と不安**です。

恐怖と不安は胎内記憶や幼少期の記憶などによるものが大きいと考えられます。場合によっては、前世と呼ばれるような業やカルマなどとつながる根深いケースもあります。これらのストレスが深層心理やネガティブな思いとして、「心」に刻まれます。

深層心理に刻まれたストレスは意識―心―身体のスムーズなアクセスを阻害します。

「意識」は意思決定を下しますが、「意識」が脳からの情報を運動神経に届ける前に、心がブロックして「情報がすみやかに伝わらない状態」になって、「身体」の動きの鈍さになるのだと推測したのです。

「身体」には特に問題がないのに、運動がぎこちなくなる原因はここにありそうです。

あくまでもヒーリングを行う者としての見解ですが、正常な状態では、意識―心―身体が地球の中心からまっすぐの一直線に伸びているのに対して、発達障がいなどの子どもたちの中には、「心」や身体に対して、「意識」は重心よりも前方へ前のめりになり、身体的な重心が傾く場合が見受けられます。

あとから説明しますが、この現象が空間の淀《よど》みや歪《ゆが》みとその改善方法を導く大きなヒントとなりました。**意識――心――身体の直線的なバランスの不調が、運気やエネルギーの流れの不全と密接にリンクしているのです。**

驚くべき効果のある「グラウンディング」瞑想法

では、ちょっとしたエクササイズでリラックスしてもらいましょう。

空間ヒーリングとは直接関係がないと思われるかもしれませんが、最終的には深くつながっています。本書を読み終える頃にはそれをご理解していただけるでしょう。

これは私の瞑想会で必ず最初のステップとして実践していただく瞑想法です。

毎日、3分から5分続けるだけで驚くべき効果が期待できます。この瞑想は**「グラウンディング」**と呼ばれるもので、地球とつながる重要な技法です。

宇宙とリンクする「グラウンディング」

これは自分と地球の中心を結ぶ瞑想法です。

この「グラウンディング」と呼ばれる技法が本書の後半の空間ヒーリングを実施する際に大きなキーコンセプトとなります。

重心のブレを補正することにより、意識—心—身体が一直線に結ばれ、結界が張られます。そのうえで地球や宇宙のエネルギーを取り込んでいくことで、肉体や空間に強力なエネルギーや運気を呼び込むことができるのです。

「グラウンディング」瞑想法の準備

①できるだけ静かな場所を選びます。時間帯は寝る前や起床時が有効です。
②椅子に座ります。できるだけ背もたれに寄りかからず、背筋を伸ばしてください。
③足の裏をぺたりと地面につけてください。地に足をつけることは、グラウンディングで大切なことです。
④手を太ももの上に置きます。両手はつなぎません。手のひらを上に向けてください。手のひらからエネルギーが放出され、抱えているストレスや雑念などを手放すことができます。

⑤自分の意識に心を向けてゆったりと呼吸します。

超簡単「グラウンディング」瞑想法の実践

①目をつぶって、尾てい骨から地球の中心に向かって、金色のしっぽがまっすぐに伸びていくイメージをしてください。
②自分の意識を頭の前後左右真ん中の位置にしっかりと集中させます。
③目を閉じて深呼吸をゆっくり3回して、息をしている自分の「身体」の感覚に集中します。
④自分が大きな風船の中に入って、座っているイメージをつくります。この風船は実は、**「オーラ」**と呼ばれるものです。
⑤オーラは「心」そのものです。その中には、自分の抱えている悩みや苦しみが充満しています。こういったストレスを丸めて手放すイメージをして、金のしっぽに沿って地球の中心へと落としていきます。
⑥最後に、宇宙から金色の優しい光が降りてきて、オーラの風船を金色で満たし、

図4「グラウンディング」瞑想法

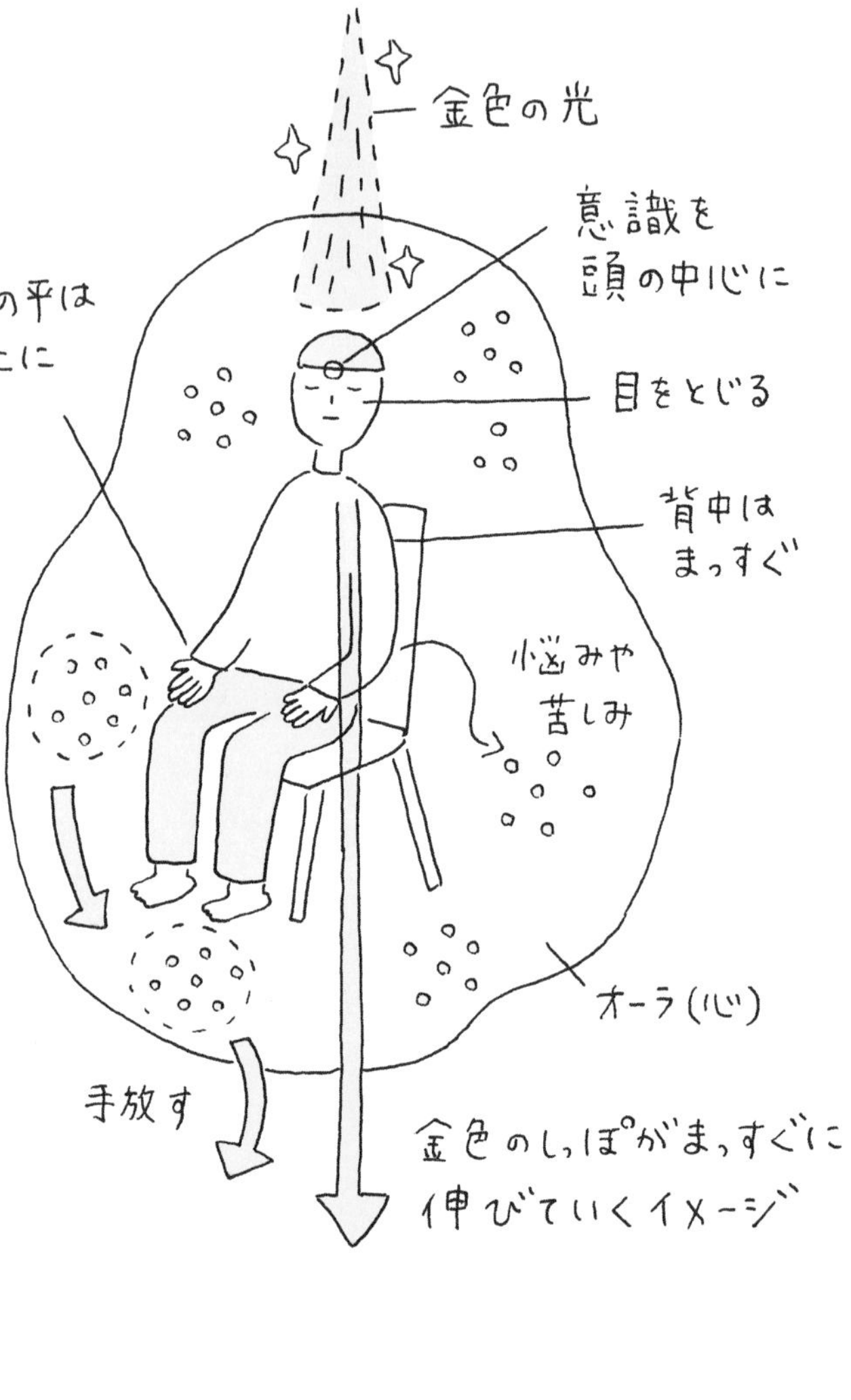

自分が守られ、癒やされているイメージをします。

いかがですか。

このプロセスを3〜5分程度かけて試してみてください。

時間には深くこだわらないでください。長く続けられるなら、それはそれでよいことですが、不定期に長くするよりは、毎日5分続けたほうが大きな効果があります。

一度だけでは効果がつかみにくいかもしれませんが、毎日続けていると、落ち込みが減り、物事をポジティブに捉えることができるようになります。

ストレスにも強くなり、立ち直りが早くなります。

このエクササイズでは、自分に刻み込まれた感情を見つめ直すことができます。

寂しさや不安、恐怖は本来持っているものではない

さて、ここで見いだした「感情」の正体とは一体何でしょうか。

寂しさ、不安、恐怖……それらの感情は本来はあなた自身とは関係ないものなので

す。

寂しさ、不安、恐怖などはあなたが元々持っていたものではありません。知らず知らずのうちに、いつのまにか背負ってしまったものなのです。

生まれる前、そしてお母さんのお腹の中にいるとき、生まれたあとの幼少期などに、外部からあなたのまっさらな心に刻まれた「心の傷」でしかないのです。

本来のあなたとは一切関係なく、あなたの「たましい」とはなんら関係がないのです。自分の性格の一部だと思い込んでいた、寂しさ、不安、恐怖は、あなたの心にこびりついた「垢《あか》」のようなものです。

心の「垢」を落として ネガティブな生き方に別れを告げる

だから、どうか安心してください。

あなたの本質はいっさい影響されることなく、本来の自分に戻すことが可能です。

そういった心の「垢」はそっと手放して、別れを告げましょう。

もしあなたが手放す準備ができていれば、特別な訓練や修行などなしに、そういったネガティブな感情は、手放すことができるのです。

そして苦手なことばかりに気をとられ、躍起になっている自分を客観的に見て、不安や恐怖を手放していきます。そして、できることと得意なことに目を向けるようにしましょう。

もしあなたが心に淀みを持っていて、身体の動きなどに違和感を感じているなら、この手放す作業だけで、身体の不調は改善されるでしょう。作業を通して心を解放することがうまくできなくても、焦らないでゆっくりと手放す作業を試してみると、心がだんだんと平安になって、身体の余計な力が抜けてくると思います。

自分の嫌いな部分と向き合い、手放していく作業をすることで、あなたは自分自身をもっと知ることができ、素直になれて、自分をもっと好きになれます。自分の小ささ、弱さと向き合い、それを認めてあげることで、大きな安らぎと解放感を感じることでしょう。

心にも身体にも人生にも、そのとき、その場所に合ったタイミングというものがあります。この手放す作業は、車に乗る前のアイドリング運転のようなものです。

アイドリングとは、いつでもスタートを切れるように準備をすることです。準備さえ怠らなければ、「そのとき」がやってきたら、絶妙なタイミングで自分が嫌いな部分を手放せて、前に進むことができるのです。

「たましい」が宇宙へと解放される「そのとき」に起きること

実際、私が主催する瞑想会の参加者の方々も「そのとき」を多く体験しています。

私の瞑想セッションを受けてたった一度で、心の傷を手放して癒やされた人もたくさんいますが、中には数年通って突然、「そのとき」が来て、ようやく手放すことができて、涙を流される参加者もいます。あなたも、自分の準備ができて、機が熟せば、一瞬にして、心の重荷を手放して自分を大きく変えることができるのです。

たとえば、2時間の瞑想セミナーを受けたある主婦の方は、瞑想する時間がありませんでした。そんな彼女は、自転車で子どもの幼稚園の送り迎えの際、信号待ちの3分間だけ、立ったまま毎日瞑想を続けたそうです。そして「2カ月で大きく家族関係が変わって子育てがしやすくなった」と嬉《うれ》しそうに報告してくださったのでした。諦めずに瞑想をした結果、彼女にとっての「そのとき」が訪れたようでした。

図5 心の垢を落とす

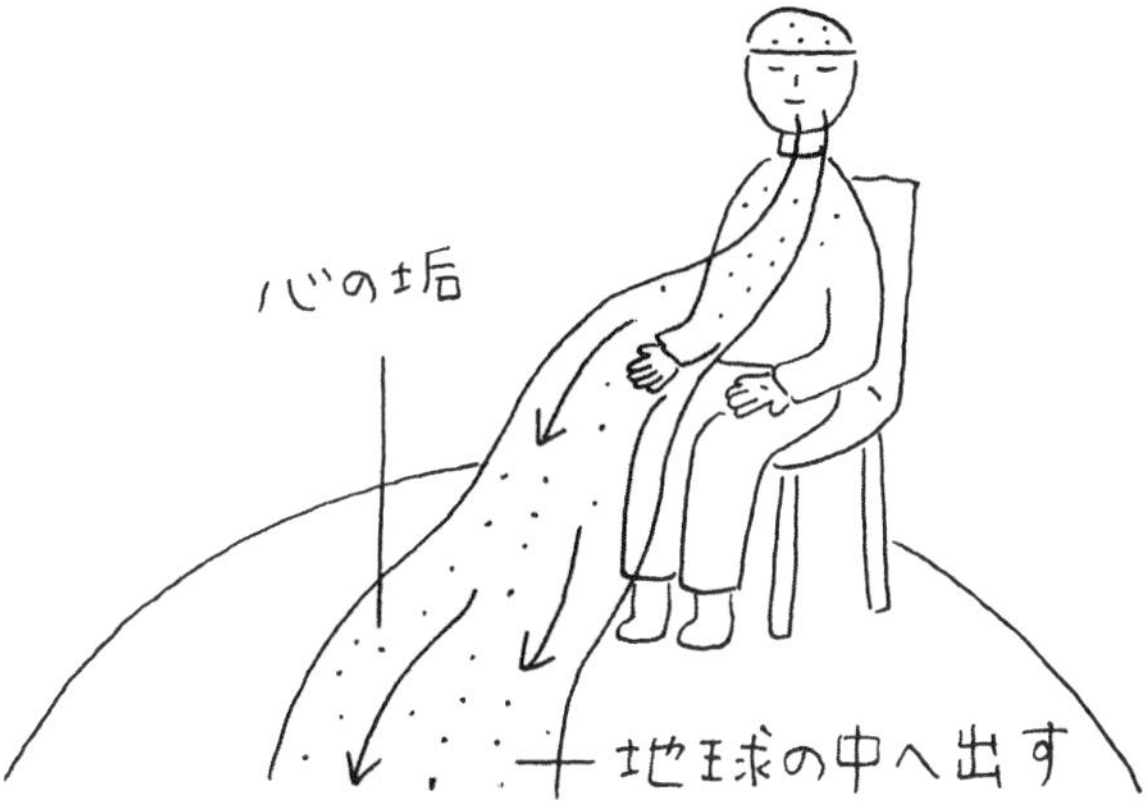

さて、ここまで少し遠回りして、人間の精神のありようについて説明してきました。

それでは、**この心を癒やす作業と、あなたが存在する空間がどう関係するのか**を明らかにしましょう。

人間の意識―心―身体のしくみが理解できてこそ、空間ヒーリングが威力を発揮するのです。

すべての物や出来事に「神」が宿る

人間にも空間にも**「たましい」**は存在します。

「あの人と会うとなんとなく心が弾む」「あの人は何かこちらを不安にさせる」「あの場所に行くとリラックスした気分になる」「あの場所に入るとなんだかぞわぞわする」そんな言葉にもならないような感覚を覚えたことはありませんか。

いわゆる「気配」のようなものです。

人が第六感で感じとるこのような「気配」はまさに人と人、人と空間の「たましい」の相性のようなものです。

日本には古来から八百万《やおよろず》の神という考えがあり、すべての物、出来事に神が宿ると言われています。

北海道のアイヌ民族の言葉で、神様が宿ることを**カムイ**といいます。漢字で書くと**「神居（かむい）」**となり、**神様がいるという意味**になるそうです。そのカムイという言葉は、自分一人ではできないことができる物や動物などに対して「カムイ」というのだそうです。

自分ができない素晴らしい泳ぎをする魚に対して「カムイ」、動物を一撃で倒すような熊に「カムイ」というのです。自分の手で水をすくうと飲める量に限りがありますが、お椀《わん》を使って飲むとより多くの量の水が飲めます。だからお椀に対しても「カムイ」というのです。自分ができないことや自分の限界を知って、自分以外の存在に対して尊厳を持って接する。すると、大いなる力や宇宙の「意識」、そして家族や大切な人に愛や思いやりを持って「心でつながって幸せを感じる」ということにつながります。

人間にも空間にも「たましい」（エネルギー）が実在する

私たちは今、たまたま人間として生まれてきて生きているのかもしれません。

もし前世というものがあるならば、もしかしたら以前は動物や石、木や花、そして空間や気の流れをつくる龍《りゅう》という目には見えない存在だったのかもしれません。

そしてそんな前世を持っていたとしても、幸せに過ごしていたのかもしれないのです。そう考えると、人間に生まれることの奇跡、宇宙の中で「自分は自分である」と生まれてきて存在する神秘を思わないではいられません。

空間にはいのちが宿ります。私たちは目には見えないたくさんの「いのち」によって、幸せになるように導かれているのです。私たちは目に見えない「いのち」を信じるだけでよいのです。

人間にも空間にも「たましい」は実在します。もしあなたが「たましい」という言葉がピンとこないのであれば、「たましい」を「意識」と置き換えてもかまいません。

そして、あらゆるエネルギーは、先ほどからたびたびお伝えしている意識――心――身体の順に流れます。

「笑顔の絶えない家庭」

「同じミッションに向かって進んでいく仲間」

図6「意識」から流れ出るエネルギー

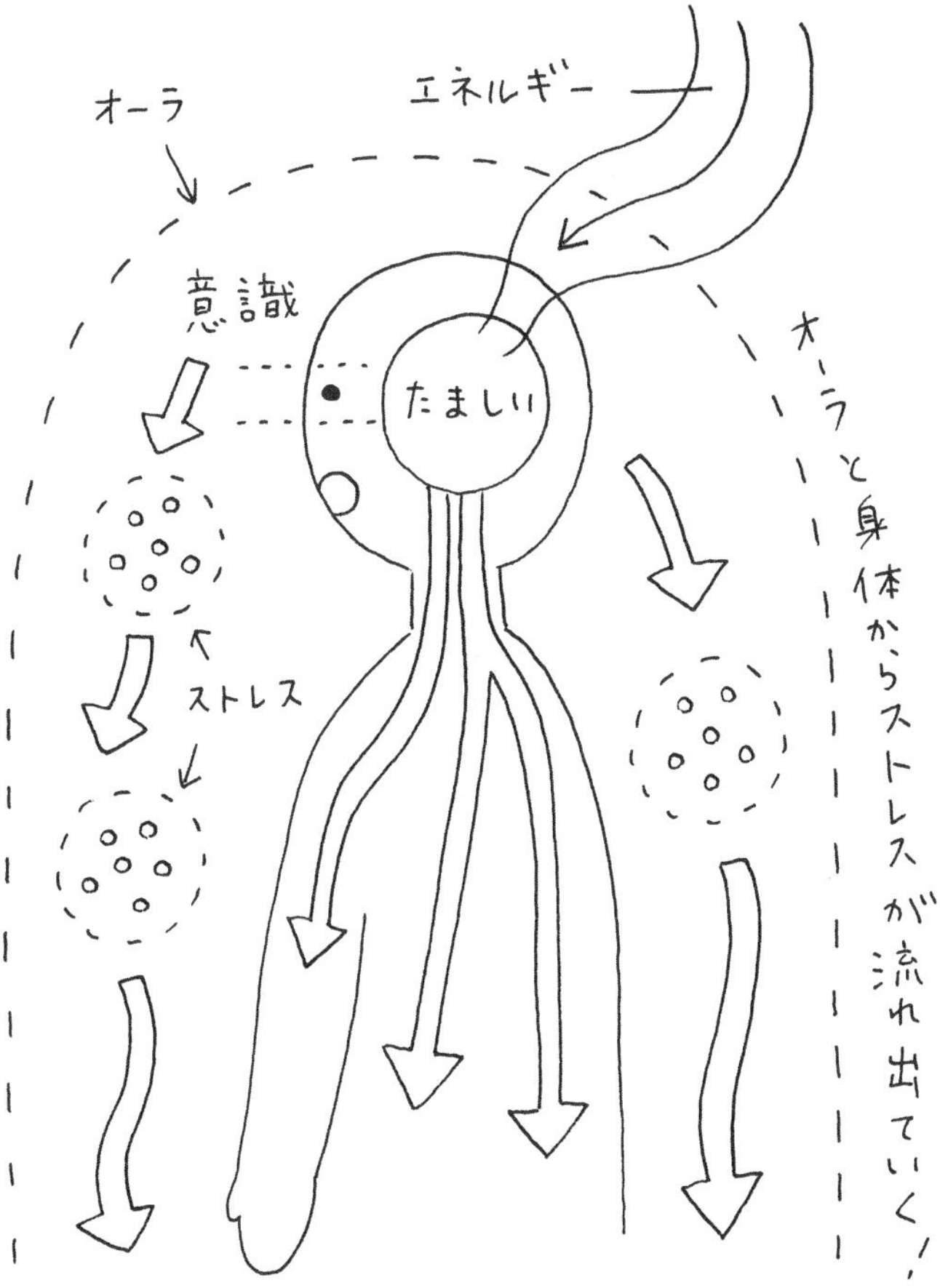

「売り上げを伸ばしたいお店」


それらは「意識」を通して、「身体」が具現化したものです。

この「意識」が弱かったり、危うい方向に進んでいくと、エネルギーが滞り、意識―心―身体の不調和が生じて、結果として、病気や家庭崩壊、チームのいさかい、売り上げダウンなどにつながっていくのです。

意識―心―身体が地球の中心から宇宙に向かってまっすぐと伸びている状態。

エネルギーが各部に滞らず、一直線に結ばれて、活発に動いている状態。

宇宙のエネルギーが意識を通じて、「心」や「身体」へすっきりと浸透して、気分も体調も快活な状態。

そんな風通しのいいコンディションをつくってこそ、はじめてパワースポットが実現するのです。

CHAPTER

3

パワースポットは誰でもつくれる

「グラウンディング」がなぜ「結界」を生み出すのか

私は東京の美大を卒業した後に、米国のＢＰＩ（バークレー・サイキック・インスティチュート）という本格的に瞑想やヒーリング、そして透視能力を訓練する学校を卒業しました。ＢＰＩは超能力開発では世界的に名前が知られている学校です。

卒業生や関係者には、**世界的なベストセラー『光の手―自己変革への旅』**の著者バーバラ・アン・ブレナンやレバナ・シェル・ブラドなど、世界的に有名なヒーラーやチャネラー、精神世界のリーダー、教育者を輩出しています。日本では考えられないような厳しい鍛錬と実践で有名な学校で、卒業するのもたいへんな努力が必要でした。

私はこの学校を卒業して、しばらくの間、シリコンバレーのＩＴ企業で働いていました。熾烈《しれつ》を極めるＩＴ業界の中心で、ハードワークを続ける日々を過ごしていました。

そんな私が、本当の意味で心の成長を高めたのは、前章の瞑想の方法のところで紹介した**「グラウンディング」の技法**に出会ってからです。

もちろん、「グラウンディング」の技術だけで、心が一気に癒やされて自分の能力が高まるわけではありません。

しかし、その中核には、この「グラウンディング」の能力の向上が必須《ひっす》であることは間違いありません。

前章で、簡単な瞑想のエクササイズを実践していただきました。

これもまた、グラウンディングの技法の一部であり、「たましい」や「心」の成長、エネルギーの調整には非常に重要なトレーニングです。

私はテクノロジーの最先端の場所で仕事をしながら、どこかで物足りなさを感じていました。みずみずしい心の感覚が遠ざかり、気持ちが沈みがちになりました。そんなとき、私は気持ちを切り替えて、自分を変える方法を模索したのです。

時間ができると近隣の小高い山に登り、心地のいい場所を探して自然の中を歩き、気になる場所で瞑想をしました。

山には高いエネルギーが集まります。さらに巨大な石の上などは最もエネルギーが集まる場所です。

風通しがよく、光に満ちあふれた場所で瞑想をすると、自分が地球の中心とひとつの太いパイプでつながる感覚を感じたのです。

そんなときは、安定感と充足感を深く感じることができました。

これが私が感じた「グラウンディング」の原点です。

地球の中心と自分を結びつける

「グラウンディング」とは自分を地球の中心にしっかりとつなげることです。

「グラウンディング」により、地球とつながると、文字通り「地に足が付く」ことができて、地球のマグマのエネルギーが身体に流れて、生きる力が溢れ出てきます。

このエネルギーを足の裏から頭のてっぺんまで流していきます。そして次に「オーラ」の中を、頭の上の方から地球の中心へと流します。そうしてオーラにこびりついているネガティブなエネルギー（怒り・イライラなどのネガティブな感情）を地球の中心

図7 地球のたましいとつながるグラウンディング

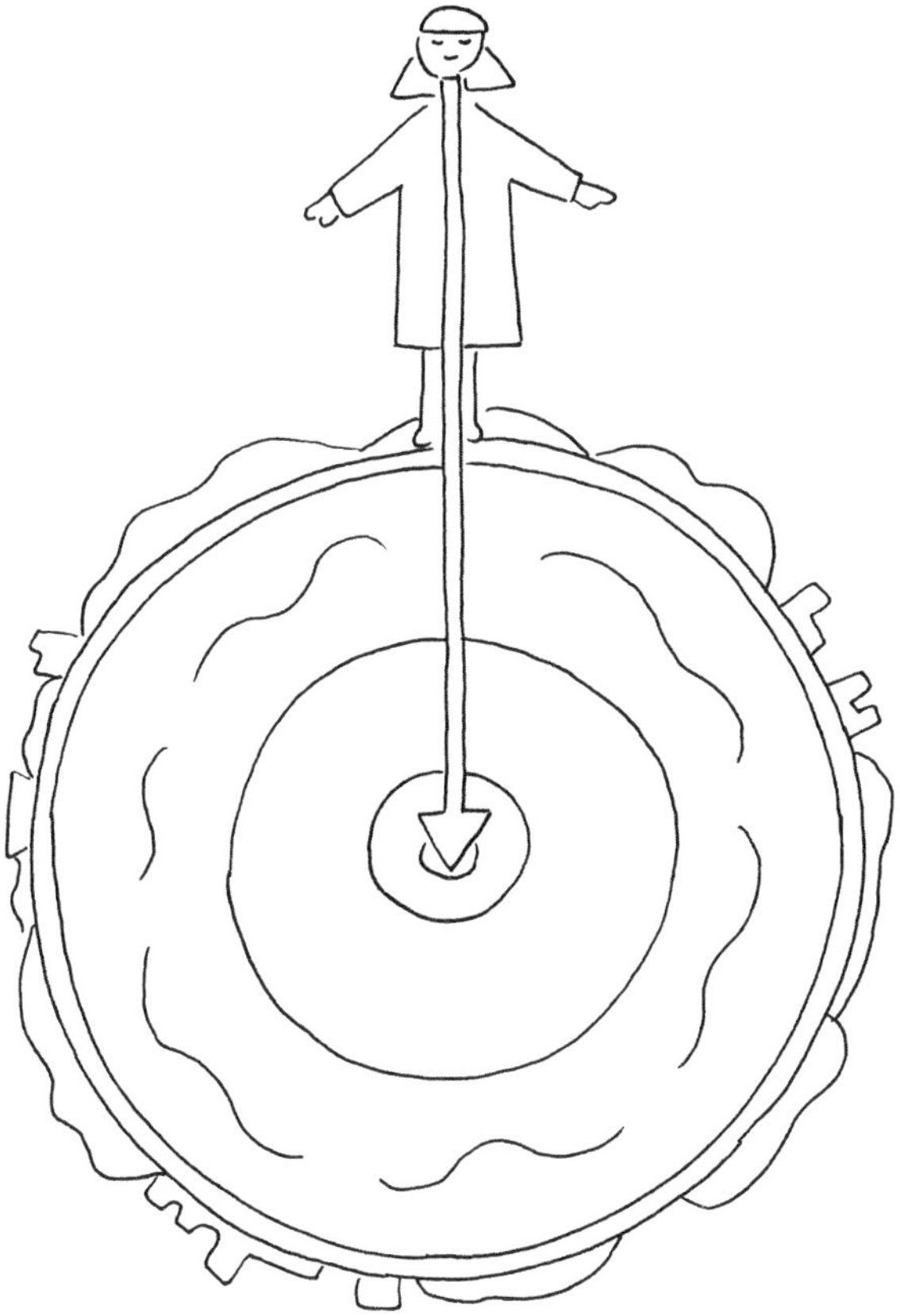

に落ろすことに成功すると、強い気が全身をめぐって、落ち着きと静かな高揚感を感じることができるのです。

物事をポジティブに捉えることができ、意識―心―身体でいうところの、「意識」がたいへんクリアに「身体」を巡るようになります。

「グラウンディング」で宇宙と一体となる

「グラウンディング」とは地球とつながることと述べましたが、宇宙の一部である地球とつながるということは、言い換えれば宇宙と一体になることでもあります。

グラウンディングには地面や地球につながるという意味があります。

よく洗濯機やエアコンにアースと呼ばれるコードが付いていますが、これは帯電する電気を地中に流す目的があります。

アースをとるのと同じように、人間のオーラにたまった怒りや悲しみ、イライラなどを地球に戻してあげないと、人間もオーバーフローして、心が病んだり、体調不良を起こします。

このようなときには、その混乱した感情を「グラウンディングして地球に流して戻す」、アースをとる瞑想法が有効です。**アースをとってストレスを手放し、混乱した感情を地球に戻してあげるのが、「グラウンディング」という瞑想法です。**

さまざまな滞りを地球に戻すと、心が軽くなり、明るい気持ちになって、宇宙や地球といった大いなる存在と一体感を得て、エネルギーが流れてきます。また、地球(宇宙)のほうからも大いなる力を得られます。

地球の中を巡る巨大なエルネギーを感じて、少しずつ一体感を増していくと、私の「意識」はとてもクリアになって、たくさんのインスピレーションが溢れてきました。

そして考えました。

このエネルギーが横溢《おういつ》する状態を日常に持ち帰ることはできる、と。

地球の周りには電磁場やバンアレン帯と呼ばれる空間があり、地上の生物にとって悪影響があるさまざまなエネルギー、太陽からの太陽風、紫外線、放射線などといったものから守ってくれています。そういったエネルギーは電磁場に妨げられ、直接地上に降り注ぎません。

「オーラ」の持つ力を呼び寄せる

電磁場に妨げられたエネルギーは電子となり、磁石でいうところのN極とS極の方向に流れていきます。そしてN極、S極でたくさんの電子同士がぶつかって、オーロラと呼ばれる綺麗《きれい》な光となって空に現れます。

太陽フレア（太陽表面上での大爆発）などの影響で通常より多くの太陽風や放射線が放出されるときには、より多くのエネルギー、電子が降り注いでオーロラの発生が多くなります。すると電子が降りてくる場所が少しずつ南下して、北海道などでも見えるようになったりします。

ちなみに「オーロラ」と「オーラ」はもともと、同じ語源でした。

人間の周りや動植物や生きとし生けるものには「オーラ」があります。そして家や空間にも「たましい」や「オーラ」を宿らせることができるのです。

宇宙の無尽蔵のエネルギーを引き寄せて自分の中に流したい。

「たましい」や「オーラ」の力を強めたい――。

図8 オーラの形を整えて結界を張る

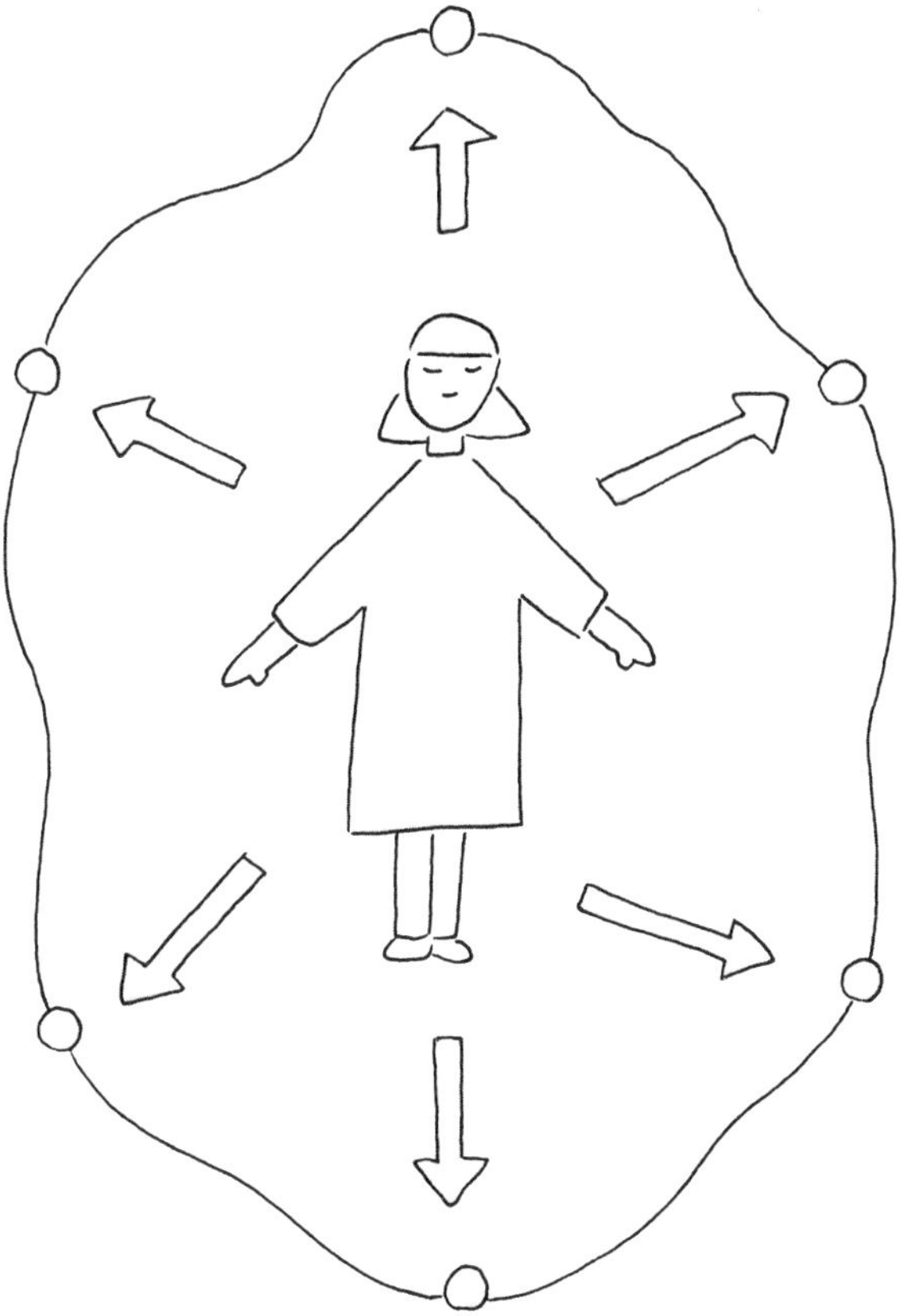

私は自分のいつもの居場所にこの状態は再現できるはずだと考えました。

そうして試行錯誤を重ね、パワースポットを自分の居場所に再現すること、つまり空間をヒーリングするようになったのです。

そして、**誰もが気軽に自分を守る「結界を張る方法」として、このグラウンディング瞑想がきわめて有効**であることに気づき、こうして多くの方々にお伝えしているのです。

「パワースポット」と「結界」は不可分であり、このグラウンディングによって、あなたの空間をパワースポット化することが可能となるのです。

空間ヒーリングでパワースポットをつくりだすプロセス

では、実際にどんな手順で、空間ヒーリングによるパワースポットづくりが行われているか、実例を参照しつつ、ご紹介していきましょう。まずは、クライアントから相談が来ます。それに対して、以下の手順で対策を講じていきます。

①クライアントの状況確認ヒアリング

クライアントから来たメールに対して、メールや電話などで、クライアントが抱える悩みなどを聞き、実際にお会いする日時などを決めます。

②クライアントのセットアップのためのカウンセリング

クライアントにお会いして、インタビューを実施。どのような意向で何を始めたいのかを明確にしていきます。たとえば、事業内容、経営ビジョン、ミッション、コンセプト、方針、事業計画等などを詳しく調査します。

このプロセスを「『たましい』を確立する」と呼び、ここで依頼人の気持ちを汲《く》み取ります。

そしてこの案件はどのようなアプローチが適切か、全体のコンセプトを固めていきます。このプロセスがとても大切です。ここが不十分なまま空間ヒーリングを進めていくと、すべてのプロセスを通じて整合性がとれなくなり、滞りが生じてしまいますので、入念に実施します。

③物件エリアのヒアリングと現地確認

新規でビジネスを始められたい方、あるいは支店などを開きたい方などの場合は、希望があれば、地域の不動産屋探しから同行します。

またインターネットなどで物件を探したり、クライアントが見つけてきた物件がその人にとって適しているのかどうかを見極めます。

その場合は、住所を確認して、グーグルマップなどから土地を流れる気を調査します。近隣の河川や山やその傾斜、鉄道の配線、また神社などの霊的な場所などを調査します。気が流れる場所は人が流れる場所です。立地を調査することで、「たましい（コンセプト）」に合った場所が見つかります。

④土地の空間ヒーリング

実際の現場に行く前に、③で説明したように、住所を見ると大体の気の流れがわかります。たとえば何も言わなくても古戦場跡があるとか、その土地でどのような人が住んでいてどのような亡くなり方をしたのかなどです。その場合は、さまざまな方法で空間の気の流れを調整していきます（CHAPTER4参照）。

⑤部屋の図面確認、内装アドバイス（新規の場合）

新築の場合は部屋の図面を確認をして、エネルギーが流れる場になるようにアドバイスをします。たとえば、壁紙や家具の配置、クーラーの配置など、提案は内装だけでなく、設備にまで及ぶ場合があります。その場合は、建築士などとも打ち合わせをすることがあります。

⑥建物の空間ヒーリングと会社の「たましい（コンセプト）」のセットアップ

現場に仏壇などがある場合は、そこで拝ませていただき、亡き霊を慰めます。何もない場合でもそこに亡き霊がいる場合は、瞑想を通して語り合い、その霊のことを理解します。

それまでに①から⑤のプロセスの中で時間をかけてつくってきた空間の「たましい（コンセプト）」を瞑想して、家や空間にセットしていきます。

イメージ的には、クレーンで大きな水晶を持ち上げて、「たましい」をメインの部屋の地面の中に埋めていくような感じです。もし許されるなら、本当に水晶を埋めたいほどの気持ちです。そこまで集中力を高めて作業を進めます。

具体的な物（水晶、ソルト、絵）があれば、その中に「たましい」があると仮定してセットしていきます。何もない場合はイメージを高めていって「そこにたましいがある」と思い、セットしていきます。空間の「たましい」とは理念とも呼ばれるもので、その空間で人生を過ごしたり、仕事をして様々な経験を通して「心」を鍛え、「たましい」を成長させるためのものとイメージします。

⑦空間ヒーリング（ヒーリング、エネルギー空間アドバイス）

メインの「たましい」がセットできたら、それに合わせて空間にエネルギーを流すために置かれている物や配置を変えていく空間アドバイスとヒーリングを実施していきます。イメージ的には風水で行う運気や場所のレイアウト変更のような感じです。たとえば、古いお札や神棚の汚れやほこりを落とす、動線をよくするための家具などの配置移動、空間内に散らばっている不要なもの、エネルギーの質《たち》の悪いものの排除、そして絵や水晶などを用いてエネルギーを空間に流していきます。

⑧クライアントへのヒーリング

空間に対するヒーリングを終えたら、今度はクライアント自身に対するヒーリングを実施します。クライアントに対するヒーリングとは、具体的にいえば、グラウンディング瞑想を通して実施します。

クライアントと瞑想することによって、空間全体とクライアントの気を整えていきます。空間ヒーリングは、ただ空間を整えればおしまいではありません。空間にはクライアントの意識が深く反映されます。空間や家などは、オーナーの服のように考えられ、一緒にエネルギー調整するのが望ましいのです。

⑨クライアントへの定期的なヒーリングと瞑想指導

⑦のヒーリングを定期的に実施します。クライアントの問題を掘り起こし、滞りや流れをとめているエネルギーを調整していきます。同時に、その場を利用するメンバーやスタッフに瞑想指導をしてチームや組織全体の意識改革、モチベーションアップにつなげていきます。

⑩アフターフォロー

その後もクライアントと連絡を取り合い、維持管理がきちんとなされているかを確認します。

⑪空間ヒーリング後

空間ヒーリング後は、「たましい（コンセプト）」に合ったさまざまな変化が起こってきます。現象面・精神面においてよりよい出来事に出会うことができるようになります。その変化はすべて当初設定したコンセプトの実現へと向かっていきます。

このように空間ヒーリングとは、クライアントの問題解決をするためのきわめて実践的なアプローチなのです。

クライアントからの反響

空間ヒーリングの期待できる効果や実際に受けてくださった方の感想を以下にまとめました。

安定した集客につながった
売り上げアップにつながった
会社に合わない人材の離職、またコンセプトに合った新しい人材が採用できた
クライアント自身の豊かな生き方の醸成、チームメンバーなどとの豊かな人間関係の

構築ができた

・経営者自身の精神的な安定、豊かさを確立できた

・従業員のモチベーションアップができた

・優秀な人材（従業員）の安定雇用を維持できるようになった

・場のエネルギーが整うのでその場にいるだけで気持ちよい空間になった（オーナー、お客様、従業員それぞれが実感した）

・その組織のコンセプトに沿った質のいいお客様が集まった

・クライアント（経営者）自身がワークライフバランス（家族、仕事）のとれた生き方になった

・従業員とオーナーのコミュニケーションが円滑になった

・お客様とのコミュニケーションが円滑になった

・無理なく人が集まるようになった（集客コストの削減、労力削減など）

私はみなさんの空間ヒーリングのお手伝いをしていますが、ご家庭や小さな店舗などで、空間ヒーリングを試してみたいという人は、ぜひチャレンジしてみてください。

図9 瞑想によって心と空間のエネルギーを浄化する

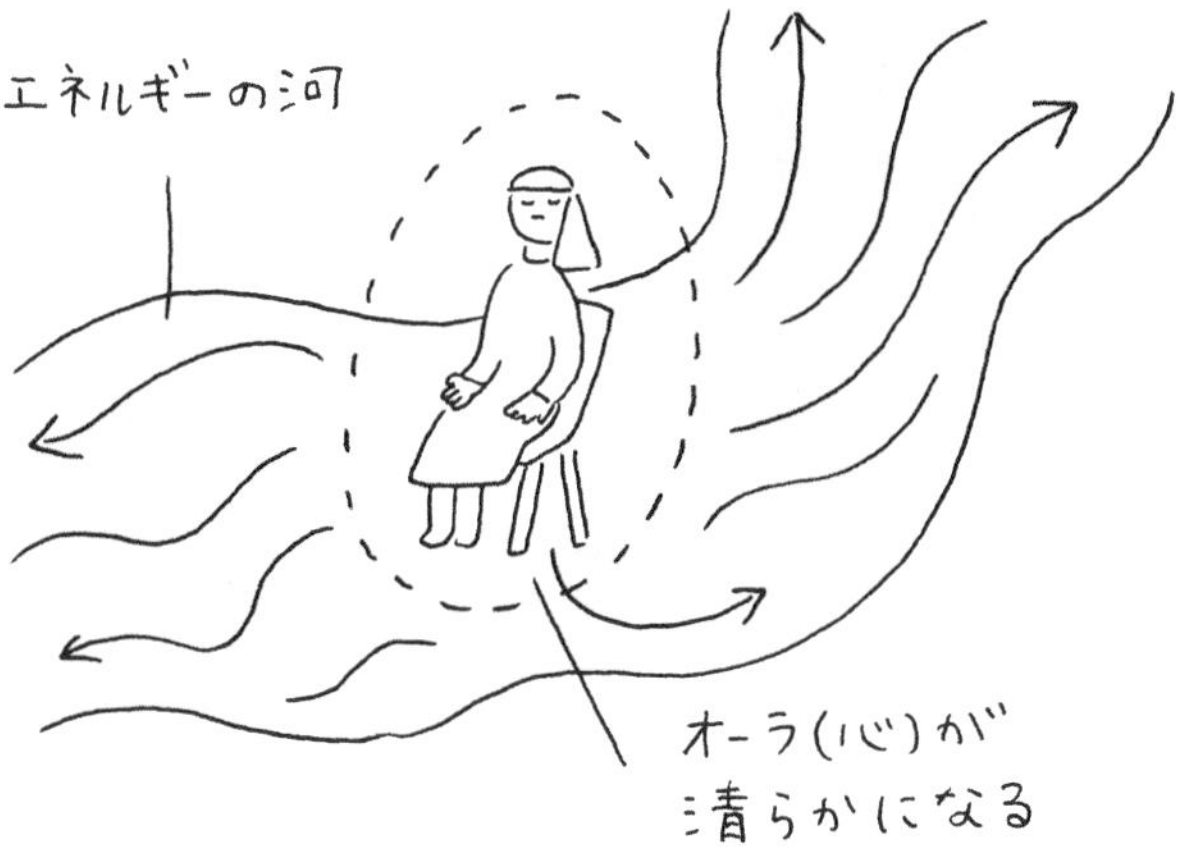

空間ヒーリングによるパワースポットのつくりかたの実践については、のちほど解説していきます。パワースポットを生みだすのに役立つアイテムなどについても解説します。

ここで大事になってくるのは、結界を張るためのグラウンディング。そして瞑想を通して心を整えることです。

心が整わないうちに、私の実例を模倣したり、パワーアイテムを設置しただけでは十分な効果が望めません。まずはあなた自身の心を整えることが大切です。

なぜかといえば、これまで繰り返し説明してきましたが、「心」が身体や現実世界で起きる諸々の事柄をつくっているからです。意識―心―身体がまっすぐに整っていないと歪んだ空間が生まれてしまうのはそのためなのです。

「心」を整え、自分の「心」の声に素直に耳を澄ませることが大切です。

自分はその空間で何をしたいか、何を望んでいるのかを明確にするためにも、瞑想は必要になってきます。

瞑想が初めての方でも、これまで説明してきた「グラウンディング」瞑想を少しずつ実践していくことで、自分が本当に何を望んでいるのかが見えてきます。

むずかしく考えることはありません。1日5分だけ静かに椅子に座って目を閉じて深呼吸するだけで、日に日に「心」は静まり、それと同時にあなたの周りの空間のエネルギーも浄化されていきます。

心が静まったら、いよいよパワースポットを生みだすチャンスです。では、さっそくパワースポットを生みだす実践的な技術をお伝えしましょう。

CHAPTER 4

パワースポットを つくる 実践メソッド36

METHOD 01

水晶

人生の停滞感を一掃する力を持つ

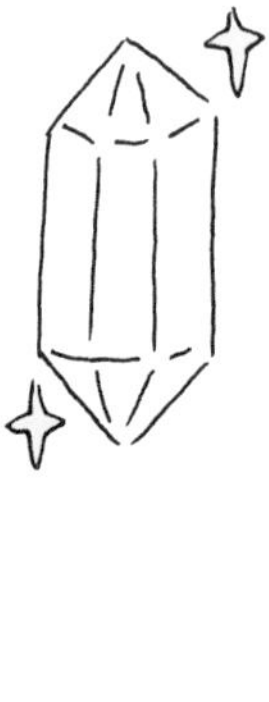

パワーストーンの中でもクリスタルと呼ばれる水晶は透明度が高く、古来から宗教的、呪術《じゅじゅつ》的な儀式に使われてきました。**空間をパワースポットにする最強アイテムです。**効果としては、浄化力に優れていて、仕事や人間関係、恋愛などの悩みを抱えている人のマイナスエネルギーをクリーンな状態に清めてくれます。

私が水晶を使って空間ヒーリングを行うケースは、湿気があったり気の淀《よど》みがある場合で、水晶のパワーで太陽のエネルギーを空間全体に流すために使用します。

「仕事の契約がまったく取れない」
「努力しても婚活がうまくいかない」
「原因不明の倦怠感《けんたいかん》がある」

「同じ悩みが数年間続いている」

こうした人生の停滞感を打破したいときは、窓辺など、外と内の境目に水晶を置くだけでも効果を発揮してくれます。

トイレやお風呂場、陽の当たらないキッチンなど、湿気が気になる場所に置いてもよいでしょう。

また、**2つの水晶をペアで使うとエネルギーの流れをつくりやすくなります。**

以前「お客さんがまったく来ないのですが、どうすればよいでしょう？」というご相談をお受けしたとき、その方のお店にペアの水晶を持ってうかがいました。

ご相談者様の店舗の敷地内には、神様が宿る美しい湧《わ》き水が流れていたので、その小川の近くにひとつの水晶を埋めて、もうひとつを店舗の窓辺に置きました。

こうすると、ペアの水晶が、**神様と店舗を結ぶサテライト**として機能し始めたのです。

水晶を置いたその日から店舗内の空気が変わり、エネルギーが高まるのを感じたと相談者がおっしゃっていました。

そこで働くスタッフの言動、働き方にも徐々に変化が起こって活気が生まれ、お店が大繁盛したそうです。

水晶は第一印象で選ぶ

このように、水晶を置くだけで、空間の雰囲気や状況が一変することがあります。

水晶の選び方は、その石を見たときのファーストインプレッション、実際に触れたときの心地よさで決めてください。

以前、アメリカでも有名なクリスタルショップに行ったときに「あなたが水晶を選ぶんじゃないのよ。水晶の中に入っているスピリット（たましい）が、あなたを選ぶのよ」と言われたことがあります。

水晶の中に入っているスピリットは、気の遠くなるような時を超えてあなたに叡智《えいち》を授けようと待っているのだそうです。

実際に水晶を手にして瞑想して話をしようとすると、大切なメッセージが聴こえてくるかもしれません。

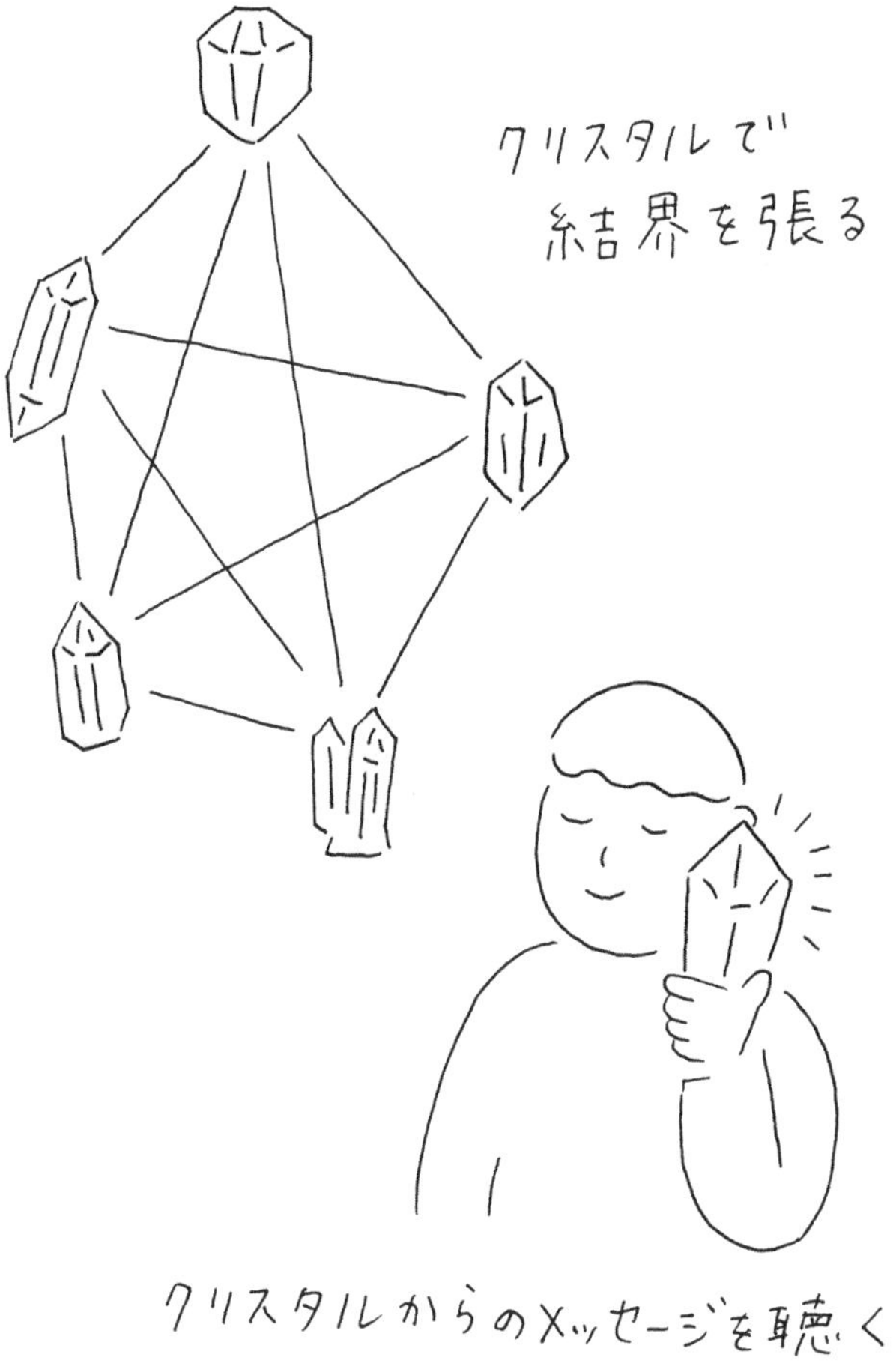
クリスタルで
結界を張る
クリスタルからのメッセージを聴く

図10 水晶はパワースポットの最強アイテム

METHOD

02

ダウジング

成功の確信をつかむ

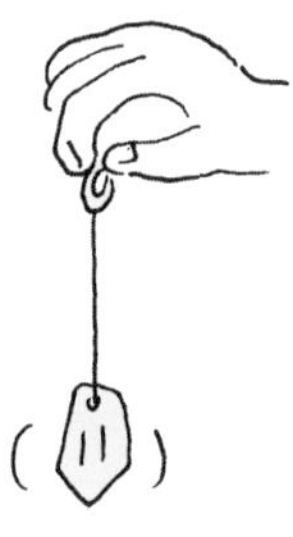

運が落ちていると感じるときほど、迷いが多く、小さなことでも間違った選択をしがちです。

そこで、おすすめしたいのが**「ダウジング」**です。

私が個人的に何かを選ぶとき、空間ヒーリングでトラブルの元凶を探し当てるときにもよく活用しています。

「ダウジング」とは、古くから地下水や鉱脈、石油、遺跡などを掘り当てるための指標として使われてきました。

地下や隠されたものを探る場合は、2本のL字形のロッドを使用しますが、既存の物品やアイディアを二者択一するときは、ペンデュラム（振り子）を使用します。

今回は、水晶をはじめとしたパワーアイテムや物件選びに迷ったときに最適な、**振り子を使ったダウジングの方法**をご紹介します。

ダウジングは、呪術や憑依《ひょうい》などの超常現象ではありません。自分の「たましい」や潜在意識に問いかける方法です。まずは、振り子を持つのは自分ですから、自分の内面を清らかに保つことが大切です。「ダウジング」の目的も、他人を陥れようとするなど、邪気に満ちたものには機能しません。

「ダウジング」の方法

まずはじめに、**精神統一するための瞑想**を少なくとも3分間行います。振り子（基本どのような素材でも大丈夫ですが、おすすめは自然の鉱物が10㎝くらいの紐《ひも》に吊《つ》るされたもの。五円玉でもOKです）を用意します。

そして、椅子に腰掛けて目の前に「たましい」が座っているようなイメージで、利き手の親指と人差し指で振り子の紐を持ちます。

そして**「YESのとき、どう動きますか?」**と目の前の「たましい」に質問して、自然に動く振り子を観察します。

次に**「NOのときは、どう動きますか？」**と質問をして、再び振り子の動き方を観察します。驚く方もいらっしゃると思いますが、YES、NO、それぞれ、横に揺れたり、縦に揺れたり、右回転、左回転、さまざまな違う揺れかたを確認できることでしょう。そこで、YES、NOで答えられる質問をしていきます。

「この水晶は自分に合ってますか？」

「AとB、どちらの物件がいいですか？」

声に出しても、出さなくても大丈夫です。

実際に水晶など二者択一したいものの上に振り子を吊るして、A、Bの質問をしてください。インターネット上の画像や、間取り図の上で行っても正しい答えが導き出されます。

繰り返しになりますが、**「ダウジング」の成功の秘訣《ひけつ》は、最初に行う精神統一です。**

まずは、自分の心を清らかに整えることが、正しい答えを得るポイントとなります。

図11 ダウジング

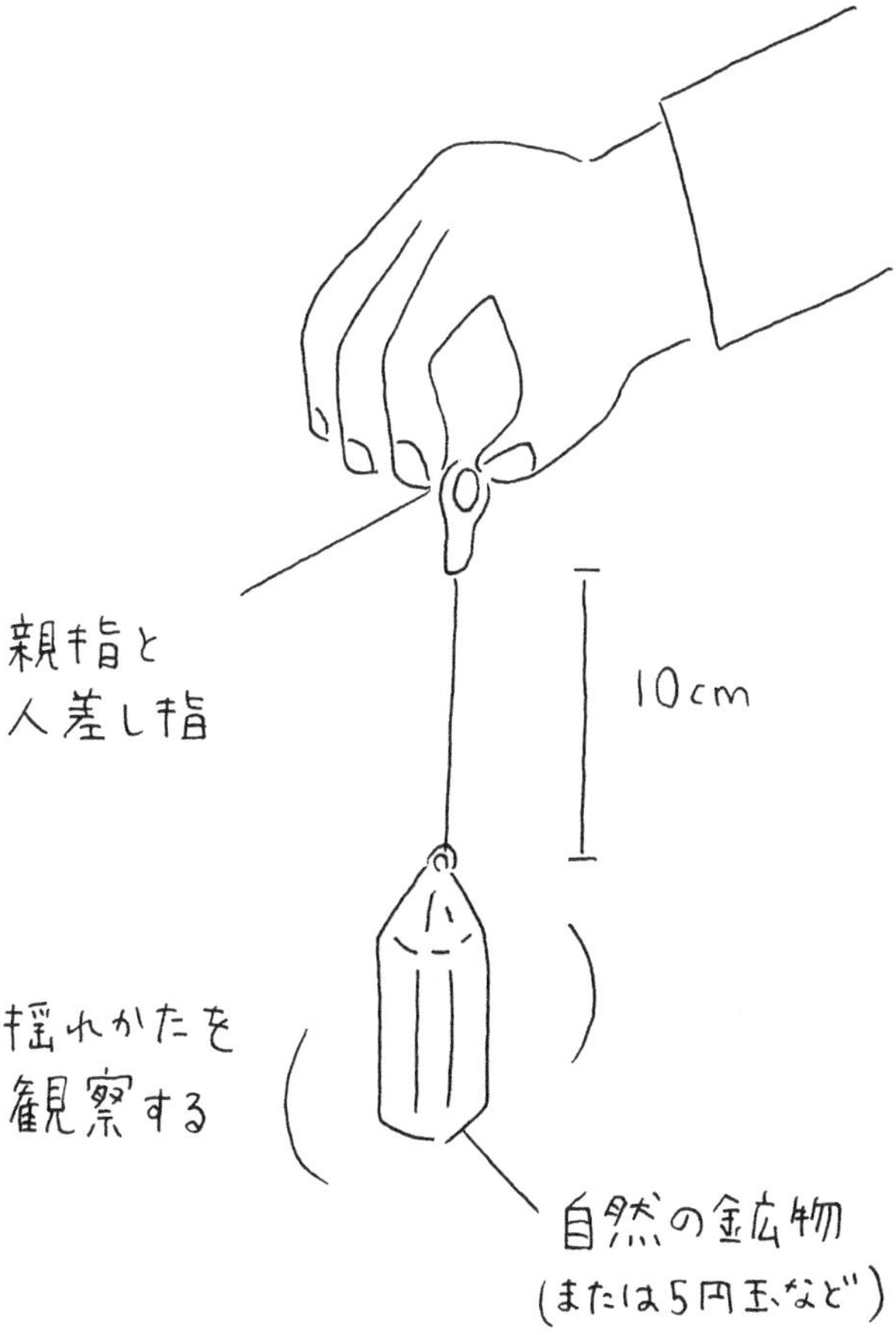
親指と
人差し指
10cm
揺れかたを
観察する
自然の鉱物
(または5円玉など)

METHOD 03

黄色のもの

最強の黄金色

空間ヒーリングの際に、私が頻繁に活用しているパワーアイテムは「**黄色い絵**」です。

黄色い絵はこちらで用意しなくとも、相談者のご自宅で見つかる身近なアイテムだからです。

色が黄色ならば、大きさや絵柄は何でもＯＫです。

絵葉書、絵本、ＣＤのジャケット、折り紙でもいいと思います。

ポイントは黄色であること。黄色はパワースポットには欠かせないカラーです。

黄色は光を（「たましい」を象徴する色である）黄金に変えて、場のエネルギーをニュートラルな状態に整えて活性化してくれます。

霊が好む重たく淀んだエネルギーを軽やかに明るくしつつ、神様や自然霊が放つ甚大なエネルギーを、人間にとってちょうどよい方向へと、中和してくれるのです。

神様や自然霊が宿っている場所やものを、人間が自分勝手な我欲で汚してしまうと、取り返しがつかない惨事が起こることがあります。

そのような大きなエネルギーに対しても、黄色い絵は作用してくれることがあります。

埋めた井戸があるお宅のケースでは、子ども部屋で見つけた黄色いうさぎの絵本を目線より上に置くだけで、お子さんの体調不良が改善しました。

潰《つぶ》された井戸から今なお湧《わ》き上がる神様の強力なエネルギーを、黄色い絵が反射板となり家全体にうまく循環させることができたからです。

また、後述するデッドスペースにも、お店で見つけた黄色いポストカードを同じように活用できます。

黄色は「たましい」を表す色

長らく停滞し淀んでいた家屋や店舗のエネルギーを黄色い絵が中和、活性化してくれます。そのことで、家庭に活気が出たり、たくさんのお客様の流れが、デッドスペースにも生じるようになります。

光に作用する色は空間を変えるパワーがあります。

特に黄色は「たましい」を象徴する黄金の光となって、新たなエネルギーを生み出してくれるのです。

古来から黄金は宗教的な装飾に多く使われてきました。

私たちが日常生活で違和感なく取り入れられる黄色は、この黄金と同じ効力を持っています。ぜひ活用していただきたい最強のカラーです。

METHOD 04

水

女性を守るパワーアイテム

神社にもお清めの水が置いてあるように、**水には浄化やお祓《はら》いのパワーがあります。**

仕事場やご自宅でしたら、コップに入れた水を玄関脇に置くと、外から入ってくる邪気を内に入れないようにする効果があります。

これは中国や韓国で古来から行われてきたしきたりで、水は人々にとって強力な魔《ま》除《よ》けとなる護身符でした。

また、高層マンションの上階に仕事場や住居のある女性にも、水を置くことがおすすめです。

古代中国の陰陽《いんよう》五行《ごぎょう》思想では、女性は陰の気を持つといわれています。高層ビルなどの高い場所も低い場所と対比して陰ですので「陰・陰」となり心身のバランスを崩しやすくなります。

その点、男性は陽の気を持つので「陰・陽」のバランスが整い、高い場所とは好相性です。

高層マンションに住む女性のためのパワーアイテム

水は陽の性質を持つので、女性とは「陰・陽」が整い、相性もぴったりです。高い場所で暮らす女性のエネルギーバランスをみごとに整えてくれます。

仕事場やお住まいの玄関脇や、部屋の入口にコップに入れた水を置いてください。寝苦しさ、悪夢などにお悩みの方は、寝室に置くと邪気祓いになります。

このとき、水の量は関係ありません。自然に近い清らかな水、湧き水がよいに越したことはありませんが、水道水でも十分に効果は実感できるでしょう。

図12 水は陰陽のバランスを整える

METHOD
05

塩

浄化力が強く神様が宿る

葬儀から帰宅すると、玄関先で身体に塩をかけたり、神事とされていた相撲でも取り組み前には土俵に塩を撒《ま》きます。飲食店の入口に盛り塩がされているのも街中でよく見かけます。

それは、**塩には強力な浄化作用があり、ネガティブなエネルギーを祓ってくれるからです。**

玄関脇の盛り塩は、ご家族が外から連れてきた霊や、外で受けた重苦しい思念を家に入れないようにする効果があります。

つまり、**塩は家を守るための結界**となってくれるのです。

また、塩は部屋のエネルギーを明るく清らかに変える効果もあります。

仕事場やご家庭で悩みが絶えないとき、気の滞りや淀みを感じるときは、部屋の中

央に器に入れた塩や岩塩を置くだけでも、場のエネルギーか明らかに変わってくるのがわかると思います。

さらに、その塩にスピリットを吹き込むようにグラウンディングを行ってください。浄化力の強い塩には、神様や「たましい」が宿ります。


「エネルギーの流れが良くなって居心地がよくなった」

「商売が繁盛した」

「お客様とのトラブルがなくなった」


空間ヒーリングのご相談者の方々からも、こうしたたくさんの喜びの声を聞きました。

塩の分量や盛りかた、形状にはこだわりませんが、海水からつくられた粗塩や天然の岩塩がよりパワフルです。

塩で結界を張る

塩は湿気や邪気を吸うと水に変わるので、溶けたらすぐに取り替えてください。塩の溶け具合は、その場のエネルギーや霊の影響を見るバロメーターとなります。

また塩は水晶などの代わりにもなり、玄関の左右それぞれに盛り塩を配置して、2つで結界のラインをつくることにより、ネガティブなエネルギーから守る役割もします。

塩は万能のパワーアイテムなのです。

さらに**人差し指と親指で塩を一つかみして舐《な》めることで、体内の浄化ができます。**そしてすぐ後にコップ7分目ぐらいに入れた水を飲むと、身体全体に浄化が広がります。すると身体の結界だけでなくオーラや家の結界も強化され、ネガティブなエネルギーや霊などから守られるようになります。

METHOD

06

植物

惜しみないパワーをくれる自然アイテム

空間ヒーリングを行うために現場にうかがうと、周辺の森林やお宅に置かれた観葉植物、敷地内の草花は、その土地や住人のエネルギーをそのまま体現していることがわかります。

活き活きとした観葉植物がある家は、住む人の内面も充実しています。

枯れ果てたまま放置された植物も住人の心そのもの。さらなる枯渇感、飢餓感、怠惰なエネルギーが、空間全体を満たしていくでしょう。

だからといって、青々と生い茂ったまま育ち続ける敷地内の植物は、エネルギーが強過ぎて人間は負けてしまうこともあります。

以前「庭にあった古い木を伐採したとたん、家主が病に倒れてしまった」というご相談を受けたことがありますが、これは当然のことです。

なぜなら、**樹々や草花には神様や自然霊が宿っている**からです。

もし木を切らなければいけない状況、あるいはすでに木を切ってしまったなら、木に水を供えて静かに目を瞑《つむ》って、心の中で木の精霊と話をするのをおすすめします。感謝の気持ちでお礼を伝えると、きっと木の精霊はあなたを守ってくれると思います。

日向にはポトス、日陰にはサボテン

そして、植物は健気なほどに私たち人間に恩恵を与えてくれています。植物を命あるものとして扱うことはもちろん、謙虚な気持ちで向き合うことが大切です。

日当たりのよい部屋には、陰陽五行でいう陰の性質を持つポトスなどの観葉植物、日が当たらない部屋には水がなくても育つ陽の性質を持つサボテンを置きましょう。

植物は部屋のエネルギーバランスを整えてくれるので、心身ともに疲れにくくなるはずです。また、電化製品の多いオフィスなどでは、電磁波によるイライラや鬱々《うつうつ》とした気持ちを癒やしてくれるでしょう。

また、**ギスギスした人間関係にお悩みの方は、ぜひお花を飾ってください。**鉢でも切り花でもかまいません。色や種類はそのときの気分で決めるのがベストです。

日常生活でお花を買う習慣のない男性は、奥様にお花を選んだつもりが、ご自身が心癒やされていることに気づくのではないでしょうか。

また、住人が悩んでいたり、疲れていたりすると、植物はエネルギーを与え尽くして枯れ果てていきます。

買ってきたお花や観葉植物がすぐに枯れてしまったら、ご家族に問題を抱えている人はいないか、病気の人はいないか、気を配ってみましょう。

そして、感謝の心を持って、新しいお花や観葉植物に替えてください。

METHOD

07

山

巡れば強運が手に入る

古来から山には神様が宿っているといわれます。すべての山に神様がいるわけではありません。私には神様が宿る山は美しく発光して見えますが、光り輝く山は、麓《ふもと》に小さな神社や祠《ほこら》があります。湧き水が流れているのも神様が宿っているサインです。強運を得たいなら、神様の宿る山の近くに住むことがベストです。

山の神様に対して自宅でグラウンディングを行うことで、山と自宅との間に距離を超えたエネルギーラインを結べます。家にどっしりとした安定感や余裕が生まれ、争い事、心配事、迷い、トラブルがなくなり、多くの信頼を得ることにつながります。

山のエネルギーは大きな成功を手にしたい方におすすめです。

火山と火山を線でつないだ環太平洋火山地帯には世界の活火山の6割があるといわれ、断層の近くには大都市が栄えています。

図13 成功に導く山のエネルギー

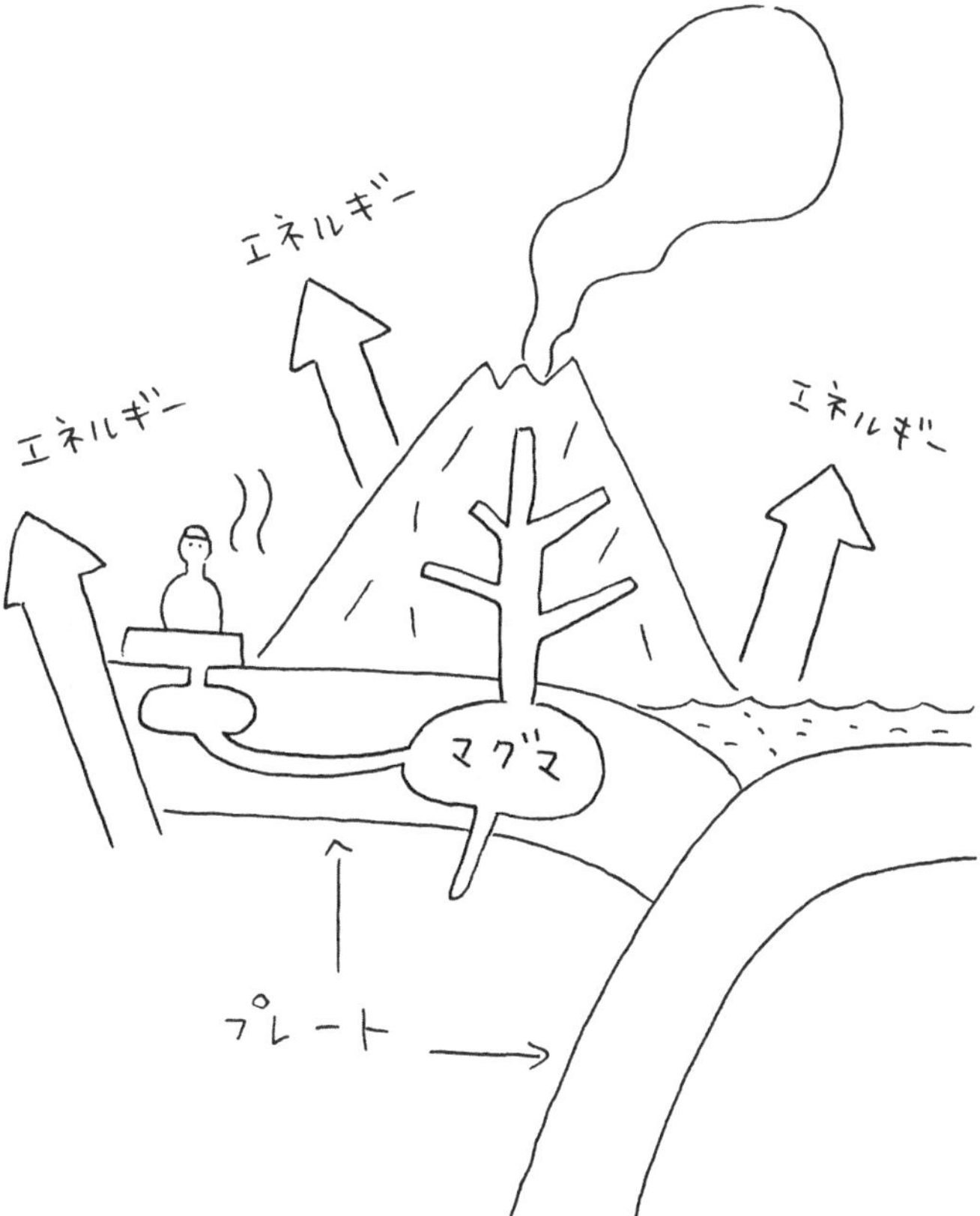

活断層の近くは危ない場所だとわかっているのに、古来から多くの人々が住みたがります。なぜならば、人間は無意識に「火山の近くや活断層の上には高いエネルギーが流れている」ことを知っているからです。特に断層の切れ目からは強力なエネルギーが湧き上がっているので、旅行で訪れたり、しばらく滞在してみるのもよいでしょう。

火山の下のマグマを熱源とする天然温泉につかりましょう。

温泉のエネルギーは、地球上の形あるすべての物質を焼き尽くせる性質を持っていて、地球の形を変えるほどのパワーです。温泉に入って身体やオーラがパワフルになるのは、地球内部からのエネルギーを受け取るからなのです。

肉体的に疲れているときだけでなく、運が落ちていると感じるとき、新たな目標に挑みたいときに、ぜひ温泉旅行に出かけて地球のパワフルなエネルギーを受け取って進むべき道を切り開いてみてください。

METHOD 08

先祖供養

共に励まし共に成長する

現代の住宅事情では仏間となる和室を設けるどころか、仏壇を置く家も少なくなってきました。

仏壇に関しては、さまざまな見解があると思いますが、私の場合はあまりこだわらなくてもよいと感じています。

何よりも、ここまで生命を紡いでくださったご先祖様を敬い、亡くなったご家族を愛する気持ちが大切です。つまり、心を込めて弔う気持ちさえあれば、立派な仏壇はなくても大丈夫だということです。

お部屋に清潔な空間をつくり、お花を一輪飾るだけでもいいと思います。遠いご先祖様に想いをはせたり、ご家族の好きなお茶をお供えしたり、お子さんでしたら、お菓子やケーキなんかも喜んでくれるかもしれません。

お水だけでも構《かま》いませんので、毎日、お供えをして感謝の気持ちを伝えることをおすすめします。

そのとき、私がヒーリングのときに行うグラウンディングをすると、ご先祖様やご家族と心が通じやすくなります。

自分の正面に椅子《いす》を置いて、そこにその方の「たましい」がいるような気持ちで、生前伝えられなかった「ありがとう」を言いましょう。きっと愛する人と、そして自分自身と心が通じ合い、もっと分かち合えると思います。

また、その時々に思っていることや、仕事や人間関係の悩みなど、ご先祖様に聞いてもらってもいいかもしれません。家系を遡《さかのぼ》れば、さまざまな技術の熟練者や、人間の機微に通じた方がいらっしゃるものです。

霊能者や特殊な能力を持っていなくても、愛する人の気持ちは伝わってきて、理解できるものです。**パワースポットに欠かせないのが、ご先祖様の「たましい」なのです。**

ご先祖様や亡くなった方々を大切に供養することで、良縁に巡り合えたり、よいアイディアを思いつくなど、人生が好転するという話は非常によく聞きます。

ただ、ここで間違えてはいけないのは、その方の死を嘆いたり、お願い事をしてはいけないということです。

私は長年、重い病気などで死に直面した人々に寄り添い、ヒーリングを行ってきました。

その方が臨終を迎えられてもお人柄はもちろん生前と同じです。ご家族に愛情を注ぎ、心配もなさっています。

亡くなったからといって全能の神や魔法使いになるわけではないので、嘆かれては成仏しにくいですし、夢を叶《かな》えろとお願いされても困ります。

人は亡くなってからも「たましい」の成長を目指しています。

あなたの愛する人やご先祖様は、亡くなってからも、あなたが困って助けが必要なときに、そっと声をかけてくれたり導いてくれているのです。そしてあなたが自分に真摯に向き合って、「心」を鍛えて「たましい」を成長させるたびに喜んでくれていて、一緒に「たましい」を成長させているのです。

METHOD

09

神棚

おろそかにする人は不調に見舞われる

空間ヒーリングをご依頼くださる相談者の仕事場にうかがうと、神棚はあるのですが、残念ながらきちんと祀《まつ》られていないことがあります。

経営難や人間関係のトラブルなど、多くの悩みがあるお宅の神棚は、だいたい掃除されていません。また、体調不良、特に首から上の不調は、神棚の影響で起こっている場合が多いように思います。

守護期間1年間を過ぎたお札がそのままになっていたり、さまざまな神社のお札やお寺のお守りがごちゃごちゃに混在していることも多いです。

また、重たい念のこもった手紙や遺品が神棚に保管されている場合もあり、エネルギーの乱れが不運を招いているケースも多々あります。

正しい神棚の祀り方

ここで、正しい神棚の祀り方をご説明しましょう。

まず、神棚に置くお札は三社までにしましょう。

日本全体をお守りくださる出雲、または伊勢の神様が祀られた大社神宮のお札。次に、住居や仕事場周辺を守ってくださる氏神様のお札。そして、特別なご縁を感じるなど、お気に入りの崇敬神社の三社です。

お札が古い場合はいただいた神社にお返しして、新しいお札をいただきましょう。また、お土産でもらって増えてしまったお守りも1年の期限があります。期間が過ぎたら大切なもの以外は、神社やお寺にお返ししてください。持っていても困ってしまうような遺品は、清潔な布や紙などに包んで神社やお寺に持っていき、お焚《た》き上げしていただくとよいでしょう。

正しい神社の選びかた

神社の選びかたは、神社の歴史や、土地や家系的にご縁を感じる神様の由来を調べて決めると楽しいと思います。私が職場やご自宅の空間ヒーリングを行う際は、助け合いや思いやりなど、信頼のエネルギーの欠如がとても気になるので、優しいエネルギーを持つ出雲大社からお札をいただくことが多いです。

氏神様は、マップを見て近所を散策するのも面白いかもしれません。崇敬神社とともに、理由なく好感や親しみを持った神社を選べば、まず間違いはないと思います。

正しいお札の祀りかた

お札の祀りかたは、神棚が一社造りの場合は、手前から大社神宮、氏神様、崇敬神社という順に重ねてお祀りします。

三社造りの場合は、中央に大社神宮、右側に氏神様、左に崇敬神社をお祀りしま

す。

神棚の位置は、あなたが集まる部屋を清潔に整えて祀りましょう。東向き、または南向き、目線より高い位置に設けるのが理想です。

また、神棚と仏壇は上下に重ねると拝礼が散漫になりますし、向かい合わせですと、どちらかにお尻《しり》を向けることになるので好ましくありません。

神棚には榊、水、米などをお供えする方もいますが、何もお供えしなくてもよいそうです。もしお供えすると決めたなら水だけ毎日変えるだけでもよいそうです。余裕がありましたら、その他に米、塩、お神酒《みき》を毎日新しいものをお供えするとよいでしょう。

お参りの作法

お参りするときの作法は、出雲の神様は「二拝四拍手一拝」、伊勢の神様は「二拝二拍手一拝」です。

そして、ここでも大切なのは、やはりお願いをしないことです。

もし安易にお願いばかりしてくる友人がいたとしたら、あまり付き合いたくなくなりますよね。それと同じで、お願いばかりしていると神様も同じように疎遠になってしまいます。

人生を好転させるのは「感謝の気持ち」です。いつもそのことを忘れないでいると、幸せがやってくるのです。

図14 お参りの作法

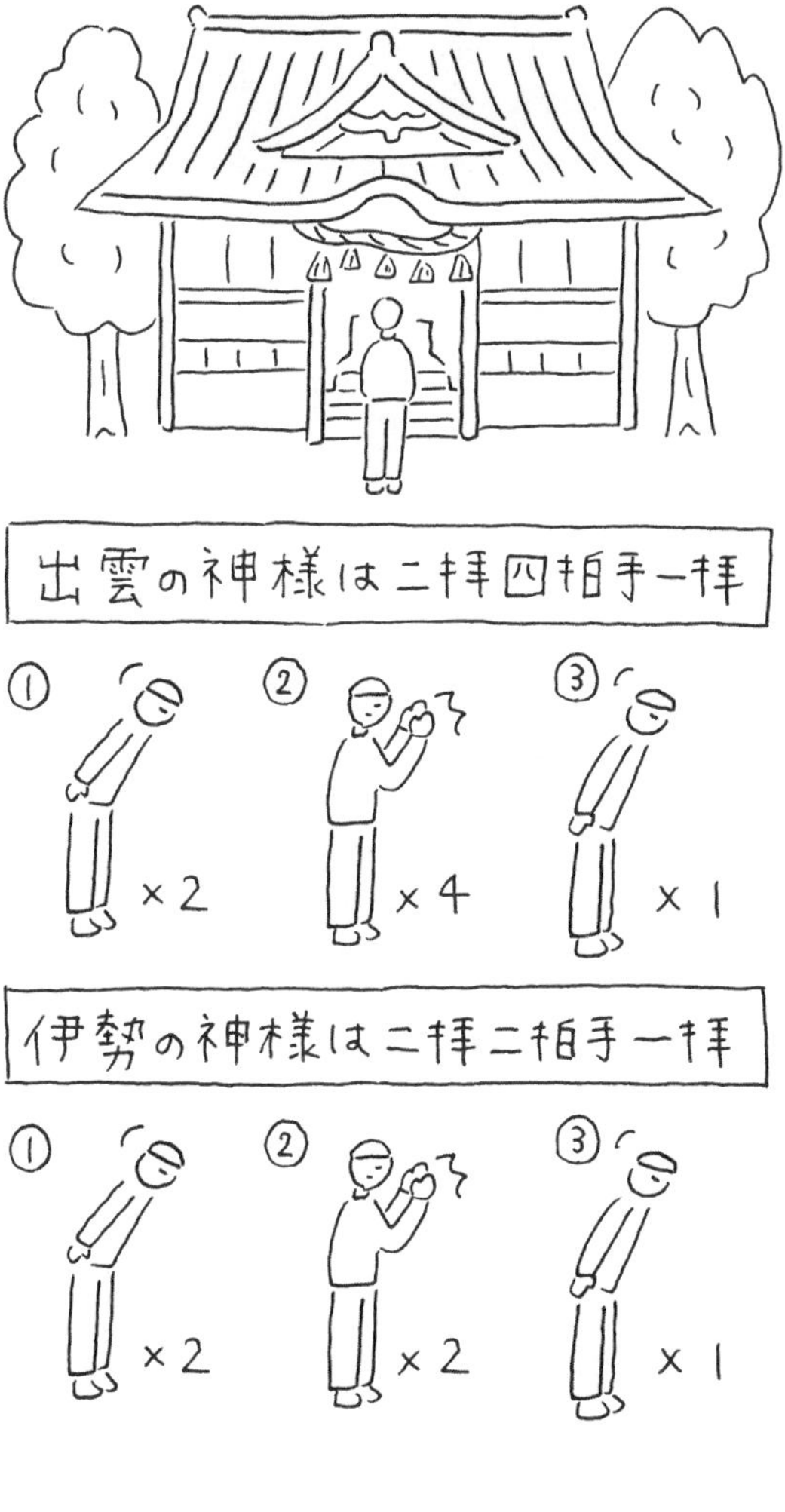

出雲の神様は二拝四拍手一拝
①
×2
②
×4
③
×1
伊勢の神様は二拝二拍手一拝
①
×2
②
×2
③
×1

METHOD 10

お札

神様と家をつなぐサテライト

神棚を設けて神様をお祀りすることは、邪気を寄せ付けないための結界づくりとなります。とはいえ、現代の住宅事情では難しいかもしれません。

そんなときは、**お札を貼《は》るだけでもかまいません。**

仕事場やご自宅に、お札を貼ってお祀りしましょう。

お札とは、正しくはお神札といって神前で神職がお祓いや祈禱《きとう》、降神の儀をしたもの。神様のご分霊だと考えられています。

お札を祀ることは、神様とのご縁をいただくこと。その神社とのエネルギーラインをつくるという意味があります。

つまり、お神札が神様のサテライトとなり、仕事場や住居に邪気を寄せ付けないための結界づくりをしてくれるというわけです。

これは、破魔矢（神社で販売している矢のこと）も同じで、破魔矢の場合は矢尻《やじり》を玄関に向けて置くと、邪気が入ってこないといわれています。

お札を貼って瞑想する

お神札は、神社で購入したときに包んである薄紙を剝《は》がし、清潔な部屋の目線より上、東向き、または南向きに貼りましょう。もし住宅事情によって貼れない処《ところ》でしたら、向きを気にせず、なるべくすっきりとした綺麗な壁を選んで貼りましょう。

ドアの上や動線上はエネルギーが乱れやすいので避けるべきです。

お神札を貼った後は、瞑想とグラウンディングをしてください。そして相手を尊重するような気持ちで、真摯《しんし》に向き合ってご縁を持てるようにとお祈りしましょう。そのことで、神様とより強力なエネルギーラインをつくることができます。

お神札をいただいた神社には、できるだけ訪れるのをおすすめします。

お参りすればそれだけ、お神札を貼った空間と神社のエネルギーライン（結界）を強くすることができるのです。

そして夏祭りや夏至や冬至など、その神社のお祭り事に参加できる機会がありましたら、積極的に神社を応援する活動をすると、よりよいご利益があります。

人の流れはエネルギーの流れであり、結界がつくられることを意味します。神社のお祭り事やお参りするときに人が訪れるのは、その地域の結界をより強くして人々を守るということにつながります。

地域を守る神様も応援する

もちろん人が訪れなくても素晴らしい神様が鎮座して気がよい神社はありますが、神社の祠やお宮や境内といった形あるものを維持していくのには人の手がなければ廃《すた》れてしまいます。

そうなってしまうと結局はそこの地域全体が廃れてしまい、過疎化が進み、犯罪などが発生する場合もあります。

そうしないためには、自分の家や職場だけがよくなればよいのではなく、地域全体やそこを護《まも》る神社を応援しなければいけないのです。

図15 お札がつくる神さまとのエネルギーライン

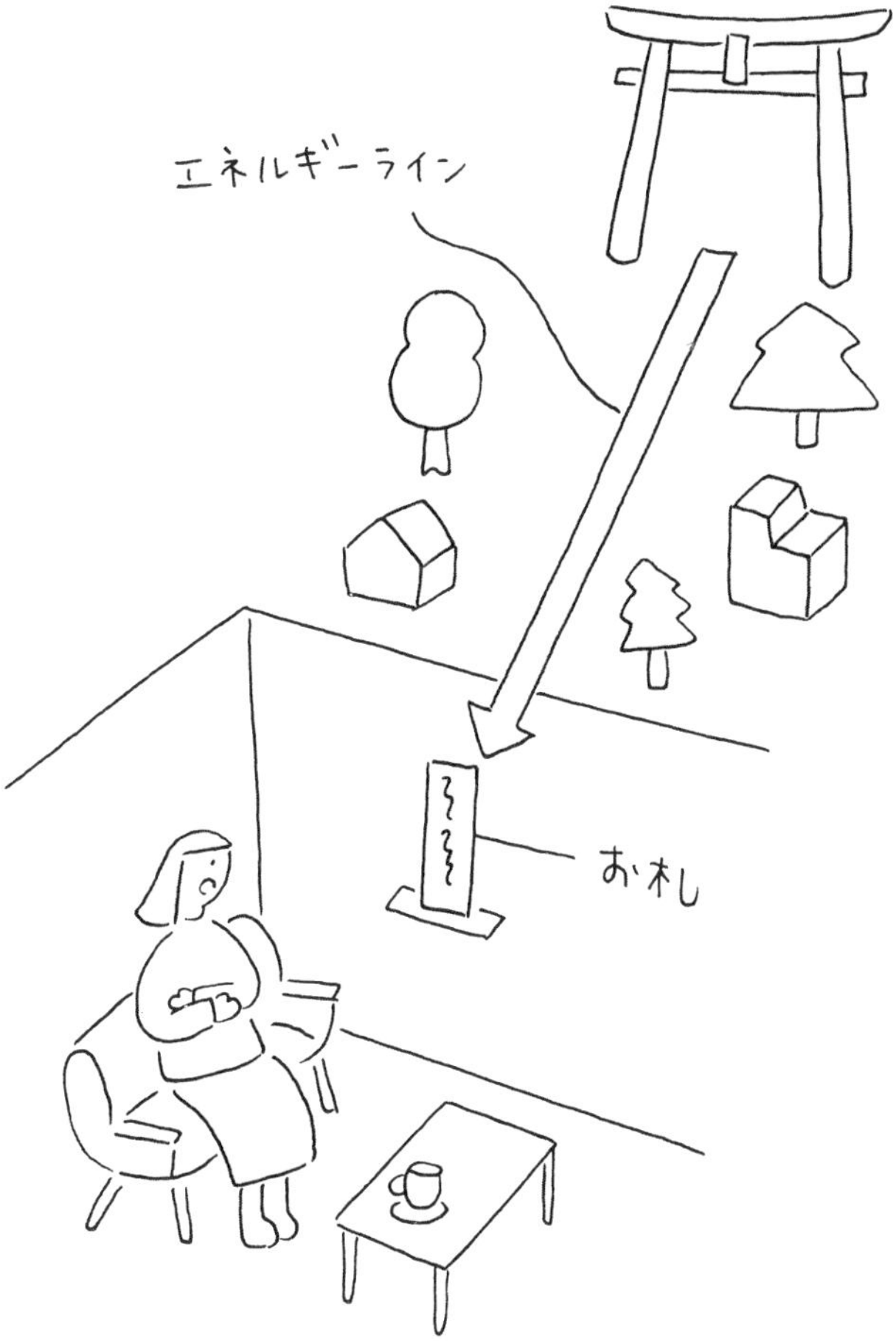

悩みを解決しようと意図してつくるエネルギーラインですが、お神札は想像以上の驚くような結果、幸運を導いてくれる最強のパワーアイテムです。

ちなみに、ご縁のある神様（崇拝神社）を見つけようとするとき、どこの神様がよいのかわからなくなるときがあるかと思います。探すときのポイントをご紹介します。

お神札を神社からいただくポイント

お神札を神社からいただくときには、そこの神社がどのような由緒や歴史を持っているのかを知るのも大切です。

神社を訪れると入口のところに木の立札があり、そこに由緒や祀っている神様の説明が書いてありますので、そこを見ると大体の歴史がわかります。

もしもっと詳しく知りたいと思われましたら、社務所にいる方に尋ねてみてください。大体の神社では紙に書かれた詳しいご由緒があります。

ご由緒には神様の名前が何柱か書かれていると思いますが、あまり馴染《なじ》みのない方には見たことがない名前が羅列されていてよくわからないと思われる方もいるかもしれません。

日本古来の神様を紹介している『古事記』を読むと、大体の神様の名前が書かれています。しかし何しろ1300年以上昔の書物ですから理解するのも大変です。

インターネットで調べると、説明をしているところや勉強会を行っているところもあります。詳しく知りたい方はリサーチするのをお勧めします。きっと古代の神様とのつながりが深くなって、守られている感覚を感じると思います。

摂《せっ》社《しゃ》や末《まっ》社《しゃ》にも注目する

神社を訪れると、鳥居の横などに**「手水舎《ちょうずや》」**と呼ばれる手や口を清めるところがあります。そこで清めた後に鳥居をくぐりますが、そこからはエネルギーの結界が張られていて、聖域となります。

表参道と呼ばれる神社に向かう道がありますが、参道の道の真ん中は神様が通るので歩いてはいけないといわれます。

境内に入って正面には「本殿、拝殿」があり、普段は「拝殿」に向かってお参りをします。

私が神社に行って注目するのは、拝殿よりも「摂社《せっしゃ》」や「末社《まっしゃ》」と呼ばれる拝殿の横にある小さな社です。なぜならその社が、神社の神様の由緒や歴史を教えてくれるからです。

お気に入りの神様に手を合わせる

多くの神社では、摂社に「天之御中主《あめのみなかぬし》、高御産巣日《たかみむすび》、神産霊《かみむすび》」という宇宙を創造したと言われる造化の三神が祀られています。そして往々にして拝殿よりも、摂社に祀られている神様の方が歴史が古かったり、エネルギーが高かったりすることがあるのです。

たとえば「建御雷命《たけみかづちのみこと》」が祀られている神社では、摂社には出雲国譲りの相手の「大国主命《おおくにぬしのみこと》」「事代主神《ことしのぬしのかみ》」という歴史ある神さまが祀られている場合があり、時を隔てた今ではお互いに助け合って人々を助けようとしているのが伺えます。

もし自分にご縁がある神様を見つけようとするならば、神社の拝殿に祀られてい

る神様だけでなく、摂社・末社に祀られている神様にも注目してみるのをお勧めします。

気になる神様がいたら、神社を訪れて社の前で目を瞑《つむ》って手を合わせてお話をしてみてください。あなたに合った神様は、きっと目立たないところから見護《みまも》ってくれて、あなたの空間をパワースポットに変えてくれることでしょう。

METHOD 11

香り

空気を入れ替えて、徹底的に大掃除

湿気があるところに霊は現れようとする傾向があります。

霊がその姿を身体として具現化しようとするときに生ゴミが腐ったような臭《にお》いがすることがあります。それは生きていたときの個人的な執着が、水分が腐るまでずっとキープし続けるためです。はっきり言ってそのような状態は、霊にとっても生きている人にとってもよい状態ではありません。

腐った水が部屋のどこかにあるようなもので、息をするだけで健康を害するような状態です。ネズミや害虫などを引き寄せる原因となります。

もし腐った生ゴミの臭いがして、ネズミや害虫などが発生するような場所でしたら、そこには生きている人に影響を与える霊がいると思って間違いがないでしょう。

そういった場所から霊やネズミ、害虫を追い出して、健康によい状態にするには、空気を入れ替えて、徹底的に大掃除をするのをおすすめします。そして人が歩く動線を綺麗にしてエネルギーの流れをよくします。

「香り」は古来より魔《ま》除《よ》けとして活用されてきた

そして「香り」を用いて、パワースポットにする技法をお伝えします。

「匂い袋」という、よい香りがする小さな袋があります。それは魔除けのために、1500年前の日本古来から使われていました。

袋の中には白檀《ビャクダン》、丁字《チョウジ》、シナモンや香辛料なども入っていたそうです。防虫のために使われていたというのが定説ですが、**嫌な臭いを打ち消してよい香りにするという意味では霊除けや魔除けにもなります。**

お線香やアロマなどにも効力がありますが、化学成分が含まれていて鼻についたり頭痛がしたりするようでは逆効果です。なるべく自然由来のもの、そして実際に香りを嗅《か》いで気持ちがよいと感じた物を使いましょう。

METHOD 12

音

楽器と音楽で神様を呼ぶ

小さい頃は、夏になると必ず軒下などに風鈴をぶら下げました。そのチリンチリンとした音は、暑い夏の中で爽《さわ》やかな風を思い起こさせてくれ、涼しい気持ちにさせてくれました。

今では大風が吹いて音が鳴り止まなくなって、近所迷惑になったら大変と思い、部屋の中に控えめに飾るくらいですが、それでもこの夏の風物詩は飾っているだけでも涼しく感じます。

この風鈴の歴史は、縄文時代の粘土でつくられた土鈴《どれい》、そして弥生時代は銅でつくられた銅鐸《どうたく》から始まったようです。

1万4000年前から始まった縄文時代、そんな大昔の頃から風鈴が使われていたと思うと驚きです。その頃は音を出してネズミや鳥などから食べ物を守るため、そし

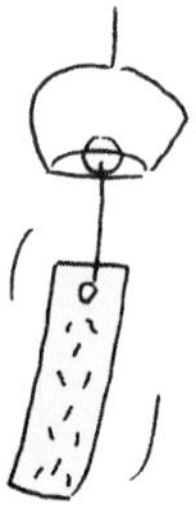

て邪気を祓って流行病《はやりやまい》や悪い霊から守るために使われたといわれています。

音は「たましい」「神」「霊」を引き寄せる

音は、魔物や妖怪《ようかい》を追い払って自分や家族の命を守る楯《たて》であり、同時に自分を守ってくれる「たましい」「神」「霊」を引き寄せる合図でもあります。

神を呼んだりするお祭りのときに楽器と音楽は欠かせません。

神社で鈴を鳴らして神を拝むのも、仏壇で鈴を鳴らしてご先祖様に挨拶《あいさつ》するのも、除夜の鐘をつくのも、根本的に音が持つ超常的な力を信じる畏怖《いふ》の気持ち、そして見えないものを制御しようとする気持ちがあります。

たとえば「ピキッ、ピキッ」と、ラップ音と呼ばれる音が聞こえるときがありますが、そんなときは霊と呼ばれる存在が近くにいるのかもしれません。

そのような音が聞こえたとしても、目をつぶって深呼吸を3回して心を落ち着かせて「グラウンディング」すれば、ほとんど影響を受けることはありません。

しかし、電球がよく切れたり、電化製品が壊れるといったことが起きるときは、影響を受けているかもしれません。こういう場合は、音を鳴らしてみるといいでしょう。

そのような場合、仏壇の鈴のような高い音はラップ音を効果的に打ち消してくれます。ひとたび音を鳴らすだけで、その空間をパワースポットにすることが可能です。

音を鳴らす前に目を瞑ってから、その音の中に「たましい」が宿ると思って音を鳴らすと、自分や家族を守ってくれる「たましい」が助けてくれます。

METHOD

13

龍

自然のエネルギーを味方につける

太陽から地上へと降り注いだエネルギーは、高低差があるとき、一般的に高いところから低いところへと流れます。そしてエネルギーが高いといわれる火山、活断層、神社、パワースポットなどから、エネルギー値が低い場所へと流れます。

朝日が差す頃の時間帯は、エネルギーの流れが強くなり、特に昼と夜の時間が同じになる夏至や冬至のエネルギーはニュートラルで強いエネルギーが流れるといわれています。

ちなみに昔の日本のお城は、人為的に高い場所につくってエネルギーの流れを計算してつくられています。たとえばどこのお城でも、大企業や公官庁の多くは大手門の周辺に建物を構えているのに気がつきます。それはそれだけ、そこの土地を流れるエネルギーがよいからなのです。

エネルギーの流れの象徴としての龍

龍というのは、目には見えないエネルギーの流れであり、空気や風に「たましい」「意識」が宿っているものです。そのような目に見えない空気や気の流れに「たましい」があるというのも不思議な気がしますが、万物に神が宿るというのは本当なのです。

一般的に自然豊かで木々が生い茂る場所では、緑の龍と呼ばれるエネルギー体が住んでいるといわれます。中国の陰陽五行思想では、青龍《せいりゅう》と呼ばれ「木」を象徴します。

山々に雨が降り注ぎ、霧が発生する前後に緑の龍は本領を発揮して、木々にエネルギーを流します。

以前九州の霧島神宮で目を瞑ってお参りをしていたとき、空に緑の龍が飛んでいるのを見たことがあります。その龍は突然私のほうに顔を向けたかと思うと、「今日は土砂降りになる」と言ったのです。その途端、ポツリポツリと雨が降り出したかと思うと、すぐに土砂降りになって一日中降りやみませんでした。

地球の中に流れる龍は赤色で、火の龍です。主に火山地帯や断層などに流れるエネルギーであり、とてもパワフルな力を与えてくれます。もともとは太陽フレアの爆発である火のエネルギーなのですが、他のエネルギーと比べて比重が重いために地球の内部へと入っていったのです。

時にパワフルな力があり過ぎて火山を噴火させたり、断層を動かして地震を起こしたりしますが、温泉や地球からのエネルギーを放出させて人に活気を与えてくれます。地球上の大きな都市の多くは北半球に位置し、断層や火山の近くにあるのは、人間は無意識のうちに地球からのエネルギーの恩恵を受けているのがわかっているからです。

このエネルギーは特に女性や子どもと相性がよく、子育てするにはこういった場所はよいかもしれません。

龍と呼ばれる自然の中を流れるエネルギーは、その土地やそこに住む人を応援しています。瞑想（グラウンディング）して、近くに住む龍を思い浮かべて「たましい」と話をする瞑想をしてみると、家や職場にエネルギーを運んでくれるでしょう。

図16 火の龍

METHOD
14

物件探し

ネットに頼らず五感で探す

この頃は店舗やオフィスの物件をインターネットで探すことが常識になっていますが、ネットで見た情報だけに頼るのはおすすめしません。**実際に希望の土地へ赴いてピンときた空き物件を問い合わせたり、地元の不動産屋へ足を運んでみましょう。**

対面で具体的に希望条件を説明することで、ネットには紹介されない格安の手持ち物件を出してくれる可能性があります。また、地元の不動産屋さんは大家さんと親しい場合も多いので、あなたの人柄を見て相性のよい大家さんや馴染みやすい物件を紹介してくれることもあります。

そして、**内見したり、時間を変えて外から見たりと、少なくとも3回は足を運ぶのをおすすめします。**

湿気や騒音、臭いも要注意

たとえば、学習塾を開くために空間ヒーリングの依頼にいらした相談者Aさん。彼女が選んだ物件の内見に私も同行することになりました。

条件が素晴らしいと第一候補にAさんが選んだ物件は、雑居ビルのインドカレー店の上のフロアでした。私が実際に室内に入ってみると、下階のスパイスの香りが強烈で、学習塾にはまったく不向きに感じられました。

前回、Aさんがこの物件を見に来たとき、カレー店は定休日だったようです。

また、この物件は駅からも遠く、貯水池のそばが順路となるので、日没後など子どもたちにはとても危険です。

内見に行く際は、平日と休日、日中と夜間など、曜日や時間、天気の違う日を選びましょう。

家賃や立地、間取りなどのお得情報に振り回されることなく、湿気や騒音、臭いなど、思わぬ落とし穴に気づくことができるからです。

METHOD
15

周辺環境

物件の周りを居住者目線で散策

小さい子どもと暮らすなら、駅から近く、子どもたちが学校に通いやすい場所はなんといっても最適です。

大きい窓から十分な光が射《さ》し込んでいるのは重要で、子どもたちが過ごす空間としては理想です。

特に光は重要です。

子どもとのんびりと過ごせる日だまりなどがあるかをよく確認してください。駅から近いからといっても、あまり密集した空間で、窓を開けると壁だった、などという物件はあまりおすすめしません。

街路樹や歩道などを何度も歩き、子どもたちが活き活きと通学するシーンをリアルにイメージしてみてください。

居住者になったつもりで探す

物件の周辺に自転車置き場、駐車場が充実していればなおよいです。

新鮮な食材が並ぶ人気大型スーパーもあれば、母親が夕飯の買い物をしながら子どもたちを送り迎えする日常的な光景もイメージできます。

自宅でも仕事をする人なら、家賃や作業効率など、経営条件が一番に先立ってしまいがちですが、あくまでも暮らしを最優先にすべきです。

建物の内見だけでなく、居住者になったつもりで、駅から物件まで歩いてみる。そこに住むイメージで周辺の公園や学校、公共施設、お店やモールなどを散策するのが、結果的に家庭や仕事のエネルギーを高める秘訣《ひけつ》となります。

METHOD

16

坂

文化は坂の上から生まれる

ゆるい坂道の上に位置する物件もエネルギー的には理想です。

風や水もそうですが、エネルギーも上方から下方へ流れるという性質があります。昔から文化も坂の上から生まれるという通説もありますから、その起点となる坂の上方は居住物件には最適なのです。また事業物件としても魅力があります。

ただ、坂の真上となると風の流れが強過ぎて、言葉通り周囲からの風当たりが強くなります。

物事の展開も急速となり、次から次へと新規契約やお客さんが来るものの、人気やシステムが定着せず、経営的には疲弊することになります。

事業物件として選ぶなら、坂の上のほう、ゆるやかな坂の途中を選んだほうがいいでしょう。

急な崖のような斜面や急な坂のふもとは、エネルギーが乱れがちなのでおすすめしません。

高層ビルの最上階は最強のパワースポット

また、世界のエグゼクティヴたちには高層ビルの最上階が人気ですが、これはエネルギー的にも正解です。

高所はパワフルなエネルギーが流れていますから、最強の人工的なパワースポットといえるでしょう。世間の風当たりを跳ね返せる強靭《きょうじん》なエネルギーの持ち主でしたら大きな成功を手にすることができます。

しかし、高層ビルの最上階で大成功するのは「陽」の気を持つ男性に限ります。「陰」の気を持つ女性の場合、仕事で成功したとしても心身の不調を訴えるケースもあるでしょう。

お勤め先やお住まいが高層ビルの最上階だという女性には、よい対処法がございますので99ページをご参照ください。

図17「気」は高いところから低いところへ流れる

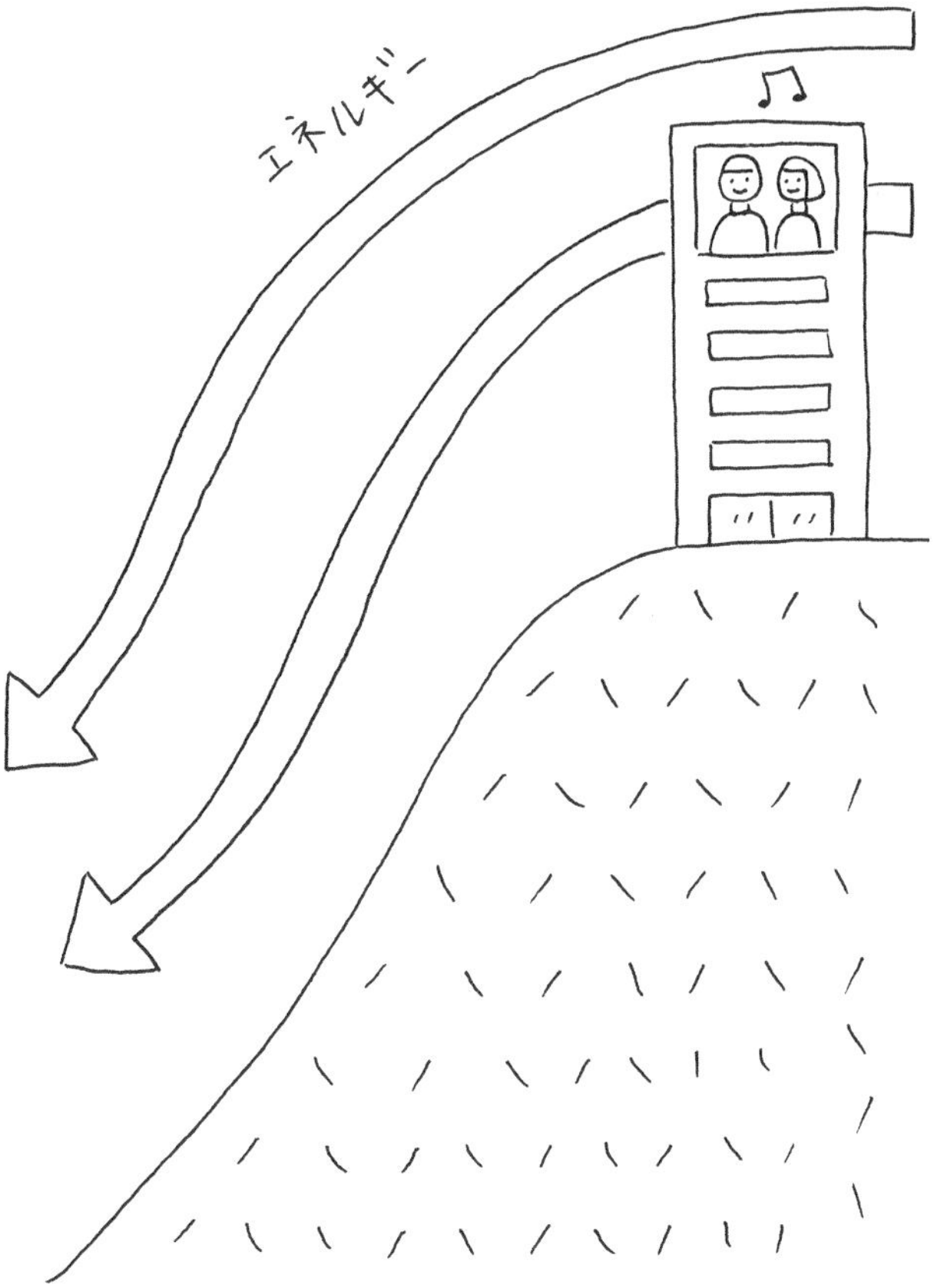

METHOD 17

集客

人々が集《つど》う空間を確保する

いかにお客さんを集めるか。

「集客」の問題は、あらゆる業種の方々が頭を悩ませていることでしょう。イベントやSNSなどでの呼びかけも大事ですが、その前にぜひとも考えていただきたいことがあります。

家庭で個人事業やお稽古教室、学習塾などを運営するなら、人の集まるスペースを確保しましょう。人が集まるべくして集まれる気のよい空間をつくることは何よりも大事です。

間取り的に大きなスペースが取れない物件はあまりおすすめできません。

たとえば、多くの人々が憩う公園には、必ずといっていいほど噴水や花壇などを囲む広いスペースがあります。

大人気ホテルにも必ず、広々としたロビーやラウンジがありますよね。

多くの人々を引き寄せるためには、敷地内、店舗内の一部にできるだけ広い空間を設置することが重要なのです。

私が空間ヒーリングを行うときはまず、繁栄を呼ぶために、家長や事業者、経営者の理念に沿ったスピリットを店舗やオフィスに降ろします。

そのための瞑想をするときにも、場の中心となる広いスペースが必要なのです。ですから、**図面では等分にされた物件でも、一室をより広く取り、場の中心とすることをおすすめしています。**

もしすでに使っている家屋で、リフォームが可能ならば、壁などを取り払い、大きなスペースをつくることもご検討ください。

METHOD 18

デッドスペース

使えない空間をつくらない

日常的に使わない物品や事業で使う在庫は、できるだけ各部屋に分散して保管しましょう。倉庫は倉庫としてではなく、別の用途を考えたほうがよいかもしれません。**使い道のない空間、いわゆる「デッドスペース」はパワースポット的には厳禁です。デッドスペースはエネルギーの循環が起こらない空間です。空間は人が手をかけないとエネルギーが淀んできます。**

エネルギーの停滞したデッドスペースは、扉を閉めて隠しても、家庭や事業所全体をどこか重苦しい影のある印象に変えてしまいます。

エネルギーの淀みには、霊や悪いエネルギー、悲しみや憎しみの念が吹き溜《だ》まりやすいので、事業物件だけでなく、ご自宅にもデッドスペースはないに限ります。

図18 デッドスペースはないほうがいい

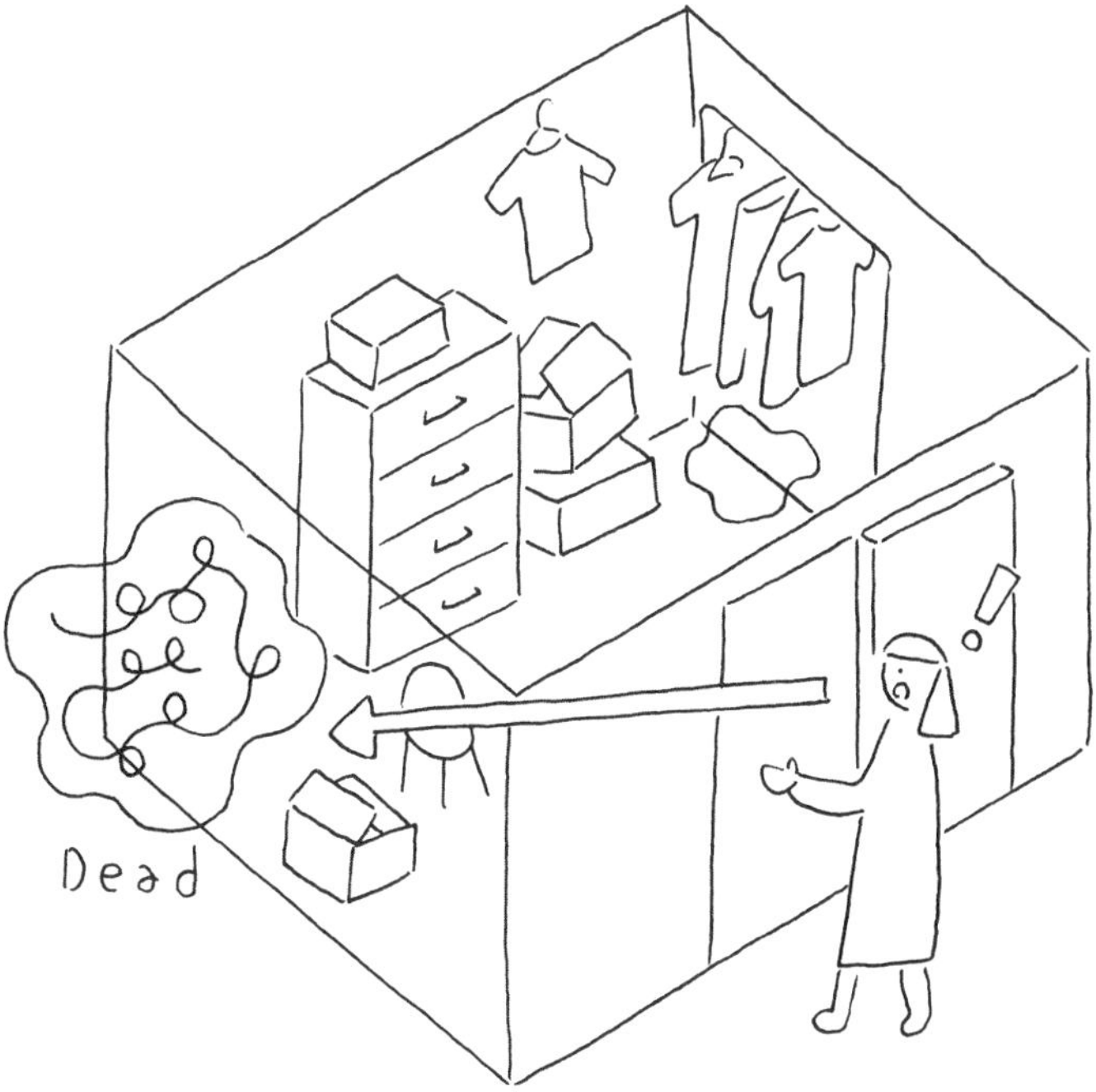

METHOD 19

動線

あの店はなぜ「入りにくい」のか？

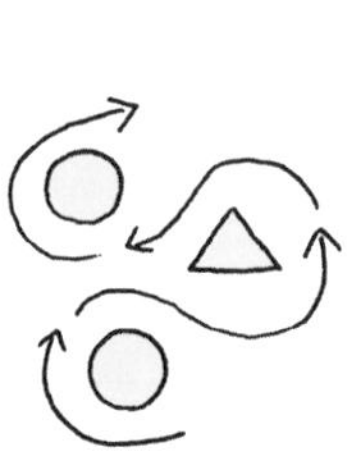

スクール運営や個人事業など、顧客を迎え入れる施設では、訪れる人の数を増やしたいものです。そのためには新規の方々も安心できるスムーズな動線づくりが必要です。

たとえば、新規の顧客がまず利用する受付カウンター周辺を改善することは重要です。

受付とフロアをカウンターでしっかりと区切り、従業員用のスペースを設けましょう。そのことで、利用者それぞれの立場がしっかりと区別できるので、事業などの運営がスムーズになります。

役割ごとに動線を分けることで、相互の信頼関係を生み出すためのエネルギーを循環させることができるのです。

図19 役割ごとに動線を分けてエネルギーを循環させる

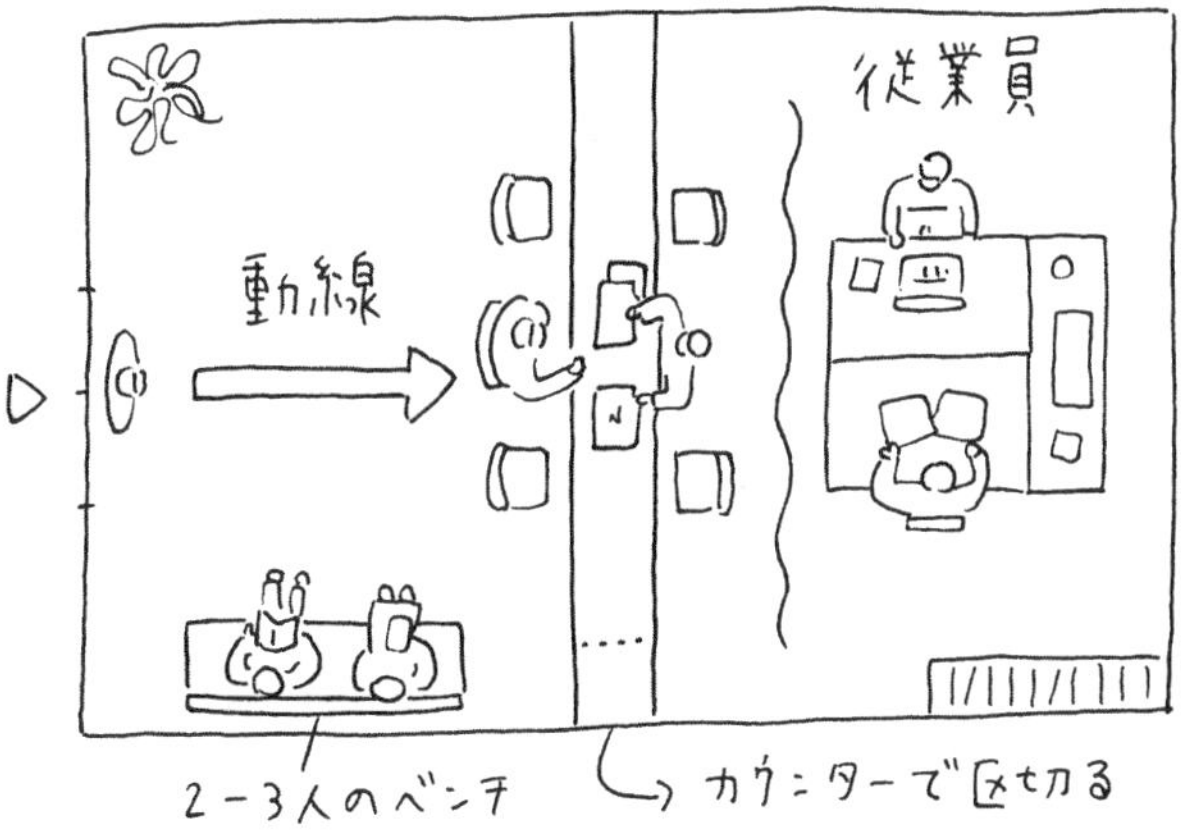

また、受付などの横に数席の座席を設けることで、利用者が立ち話をして動線を塞《ふさ》ぐことがなくなります。

この場合、ゆったりとしたソファでなく、2～3人掛けのベンチにすれば、長々と噂《うわさ》話や座談会が続くことも避けられます。

このような工夫で、多くの人々が集まる場所に生まれがちなネガティブなエネルギーを事前に防ぐことができます。

トラブルやクレームの多発も、エネルギーの流れを改善する空間ヒーリングで回避することができるのです。

空間を人体にとたえる

どこかの店舗に入ったとき、「なんだか入りづらい店だなあ」という印象を持つことはないでしょうか。

たとえば、入口からレジが見えない店舗はうまくいかないことがあります。

特に飲食店では、会計コーナーが入口からはっきり見えることが「明朗会計」といった印象をお客様に与えて、安心感につながります。

また、このことは、食事の最後にお支払いいただくという、スムーズな動線を確保することにもなります。

間取りやインテリアの配置を決めかねるときは、お店全体を「人体」と捉えるとさまざまなエネルギーの滞りが解決します。

レストランでいうと厨房《ちゅうぼう》は心臓です。そこでできた栄養をフロアという動線、人体でいう血管に送り出します。

そうなると栄養を受け取るお客様は細胞かもしれませんね。

図20 入りやすいお店の動線

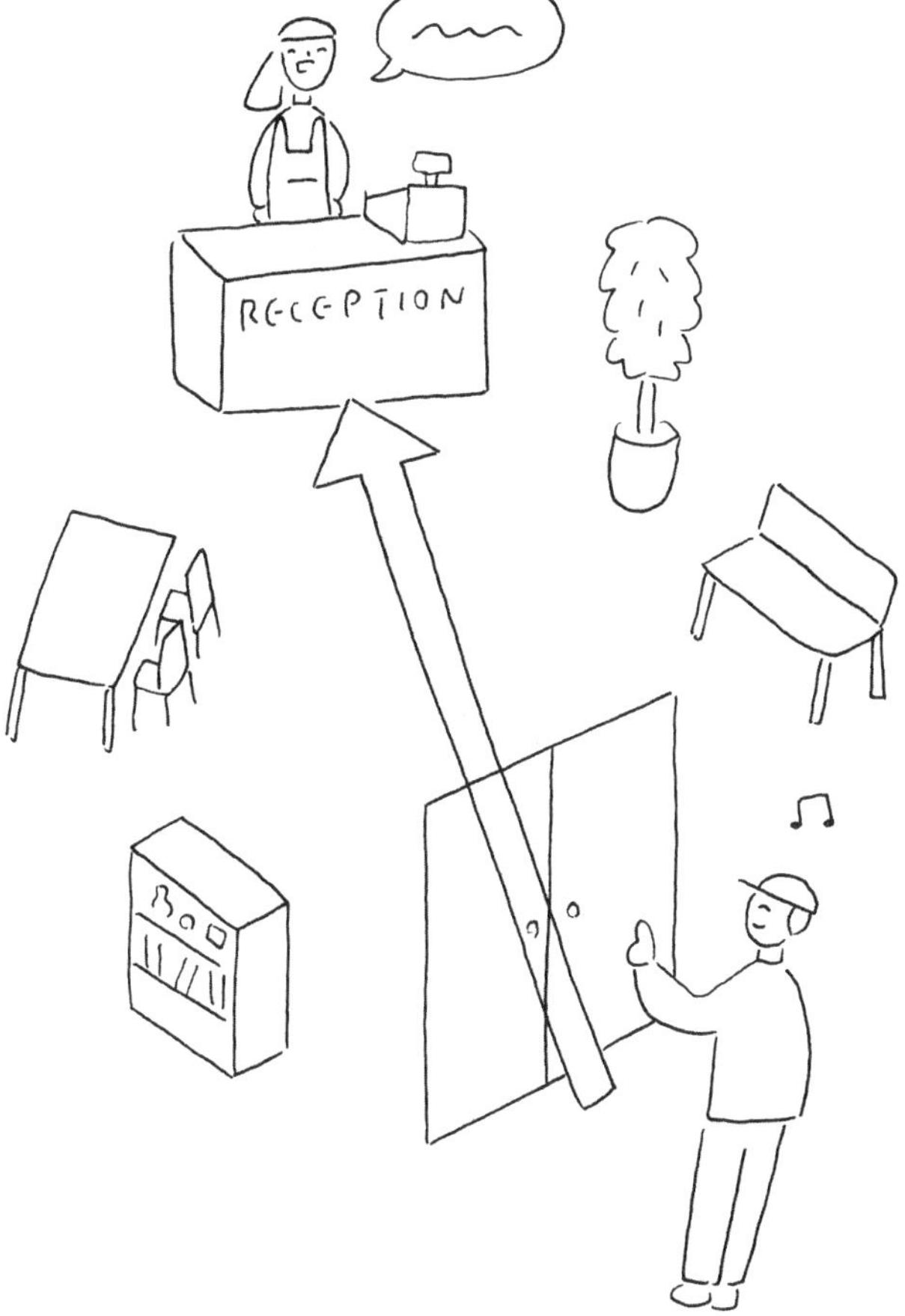

まず、厨房からつくりだされた料理（栄養）は新鮮なうちにお客様（細胞）にしっかり届けなくてはなりません。

こう考えたとき、店舗では、従業員が立ち止まらなければならない調味料棚、カトラリー棚、冷蔵庫の位置が動線上にあった場合、エネルギーの流れの邪魔になることがわかります。

これら接客の流れを停滞させるものを、動線から外れた場所にまとめることで、お店全体に十分なエネルギーが行き渡り、お店は元気いっぱいに活性化し始めるのです。

METHOD 20

障害物

壁を破りエネルギーを循環させる

部屋数が多いというのは大家族や事業主にとって一見便利に感じられますが、**壁などの障害物は、エネルギーを停滞させるばかりか、家長や事業主の意志を全体に行き渡らせる障害となります。**

入口からリビングや店全体を見渡せない物件は改善する必要があります。

たとえば、飲食店経営者Bさんの場合、以前はビルのワンフロアを2店舗でシェアしていたとのこと。ところが、数カ月前に1店舗が空き、そこに同業店が入ると聞いたので、競争を避けるためにワンフロアすべてを借りて店舗敷地を2倍にしました。

しかし、売り上げは2倍どころか、低迷の一途を辿《たど》ってしまいました。

原因を探ったところ、2店舗分のスペースに拡げたフロアのコンセプトが統一できていませんでした。以前のお店のエネルギーがそのまま、現店舗に渦巻いている状態

図21 店舗の障害物を取り除く

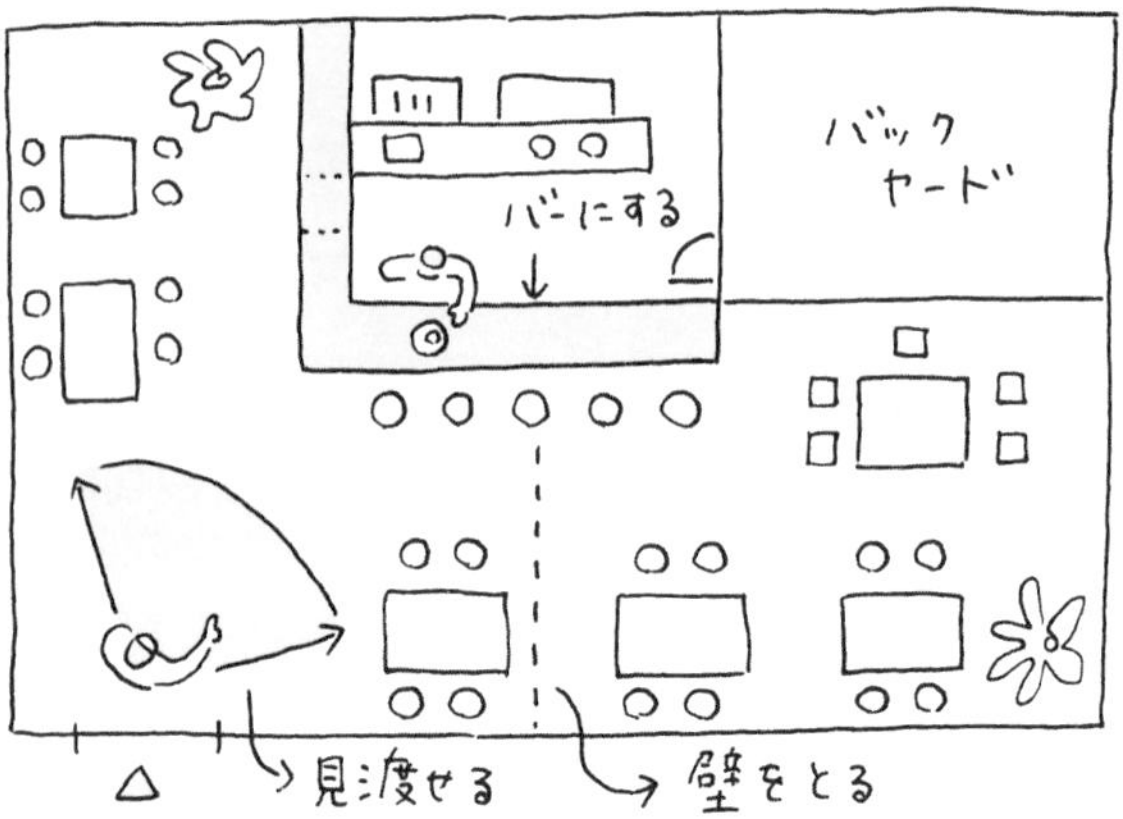

だったのです。

これでは、経営者の理念、ミッションを店舗全体に循環させ、活かすことができません。

そこで、**まず中心部の壁を破り、そこをカウンターバーとして機能させました。**

そのことで、お客様は店全体を見渡しながら入店できるようになり、一瞬にしてお店の個性をご理解いただけるようになります。そして、奥にいるスタッフも素早くお客様に気づいて、接客することが可能になりました。

入口から店舗全体を眺められる間取りにして、エネルギーを循環させ、賑《にぎ》やかな活気を生み出すことに成功したのです。

METHOD 21

私有物

店舗・事務所に私物はNG

インテリアのばらつきもエネルギーの滞りを生みます。

大きさにかかわらず、インテリアや物品というものは、想像以上に持ち主のエネルギーを滞留させています。もしあなたが店舗を経営しているなら、お客様は無意識にそれを察知してしまうのです。

壁紙を統一して、壁にかける絵画や写真など、同じ作家のものを数点、できるだけシンプルに飾りましょう。オーナーや家長の思いやエネルギーはできるだけ排除して、誰もが馴染められるインテリアがよいでしょう。また店舗のエネルギーを散漫にしているものとして、**経営者や従業員の私有物**があります。

たとえば、まるで昭和の応接間にあるような赤富士の絵など特に理由もなく飾っている物はエネルギーを乱します。

大きなピアノなど使う目的もなく置いてある物品は、その場のエネルギーを淀ませてしまいます。つまり、経営者の理念やミッションとはまったく無関係なものが置かれていると、理念がぶれてしまい、運気が停滞するのです。

さらに事務所などの場合、自宅にあるものを仕事場に持ち込むと、プライベートと仕事の切り替えができない、疲れが取れない、仕事場が家庭の延長上になるなど、メリハリのないだらだらとしたエネルギーが空間に漂い始めます。

お客様はもちろん、そのゆるいエネルギーの影響を受けますから、もう一度この店舗を訪れたいとは思わないでしょう。

店舗を飾るインテリアには一つ一つ気を配り、経営理念と合致したものを選ぶことが大切です。

店舗や仕事場に、なんとなく自宅から持ってきた私物はありませんか？

私物を撤去するだけでも、経営理念をまっとうすべく、シンプルで精力的なエネルギーが生じやすい空間がつくれます。

METHOD 22

不要品

いらない物は置かない

使わない部屋やデッドスペースと同じく、使わない不要品もエネルギーの停滞を生み出します。

誰からも手をかけてもらえない物品は、霊や重いエネルギーを宿してしまう可能性があるので、使わないものはいち早く処分しましょう。

放置されたピアノは、時々、音出ししたり、調律しましょう。単なる置き物だったピアノを美しく磨いて、調律を施し、演奏者に弾いてもらうことで新しいエネルギーの循環が生まれます。楽器だけでなく、使用していない趣味の道具なども同じです。

ある家庭の空間ヒーリングをしたとき、部屋の隅に置かれた観葉植物の裏には、使われていないソルトランプが埃《ほこり》をかぶっていました。

自然物である岩塩はエネルギー的に浄化効果もあるので、放置してはもったいないアイテムです。

私が空間ヒーリングで空間にスピリットを降ろすとき、いつもは椅子を置いてスピリットとの対話をクライアントに行っていただくのですが、そのときはこのソルトランプを使用することにしました。

ソルトランプを清潔に磨いて、その家の中心部、目線より上のところに置きました。そちらに家族の意志、つまりどんな家族でありたいかなどのコンセプトに沿ったスピリットを吹き込みました。

使えるものは存分に活かし、使わないものは処分すると、純粋なエネルギーが空間に循環して、パワースポットが誕生します。

あなたがブレない心を持つことと同じく、使わないものを処分することは、家庭運営やビジネスを成功させるための必須項目なのです。

METHOD 23

更衣室

従業員を最優先に考える

店舗などでは集客や売り上げ向上ばかりに目が行きがちで、すぐに効果のあることばかりを実践しようとするオーナーさんは多いものです。

あなたの店舗なり事業所にスタッフルームはありますか。

もしスタッフの着替え場所がごちゃごちゃした物置きのようだったら、これを改めるべきです。女子専用更衣室をつくったり、従業員専用の冷蔵庫を置いて、スタッフとあなたがコミュニケーションできる憩いの場をつくりましょう。

経営者が店舗をつくるとき、利益に直結する収容人数を第一に考えがちです。しかし、ぜひとも、**スタッフに楽しんで働いてもらう空間づくり**を最優先にしてほしいと思います。

特に女性が無理をせず、笑顔で働ける職場には優しいエネルギーが満ち満ちています。

現在の日本はかつての高度経済成長期やバブル期とはうって変わって、優しいエネルギーこそが繁栄を生み出すように私は感じています。

従来は社会的弱者として扱われがちだった女性ですが、現代では彼女たちが豊かさの鍵を握っています。

女性が優しい笑顔で働いていると、お客様も嬉《うれ》しいですよね。

経営者はもちろんですが、従業員の心も確実に空間のエネルギーをつくります。

ある飲食店のクライアントに実施した空間ヒーリングでは、お店のキャパを16席も減らしましたが、従業員の更衣室や控え室を設置したおかげで、売り上げは絶好調のようです。赤字はなくなり、月間売り上げ300万円以上をキープしているそうです。

METHOD
24

仕切り

隣接店舗とエネルギーを分ける

住まいにしても店舗にしても、隣接する家屋や店舗とエネルギーが干渉し合うのはよくないことです。

１００年続いた薬局の三代目であるCさんの例をご紹介します。

10年前に大通りに面した一軒家を借りて個人薬局を営んでおられましたが、向かいに大型ドラッグストアがオープンしたことで経営難に陥りました。その後、漢方薬局に改めて経営を続けますが「お客様がまったく来ない」「これ以上どうしてよいかわからない」といった切羽詰まった状況でご相談にいらっしゃいました。

私が実際にCさんの薬局を訪れると、まず気になったのが入口前の駐車場スペースでした。**車体の仕切りがないので、誰もが車の向きを気にせずバラバラに駐車していました。**また、薬局の目の前に車が停《と》まったので、お客様がいらしたと思いきや、すぐ隣の人気和菓子屋のお客様だったりと、極めて混沌とした状態でした。

そのため、誰かが薬局の目の前を通っても、Cさんは「どうせ、また和菓子屋のお客さんだろう」とさして気になさらない様子でした。

結果、このような経営者ご夫婦の活気のなさが、そのまま現在の経営状況になっていたのです。

そこで、この駐車場から整えて、店舗のエネルギーを確立することにしました。

駐車場を一台一台白線で区切り、車止めを設置しました。そのことで和菓子屋のお客様が薬局の駐車場に乱雑に車を停めたり、店舗前を堂々と横切ることがなくなりました。

それどころか、漢方薬局の存在を認識して、立ち寄るお客さんも目に見えて増えてきました。薬局の前の駐車場に車が停まると、Cさんは「お客様がいらした！」と心を切り替えて、清らかな気持ちでお客様をお迎えするようになりました。

その結果、来客数も増え、経営も安定していったそうです。

図22 仕切りを設けてエネルギーを確立させる

METHOD
25

広告物

招き入れるエネルギーを調整する

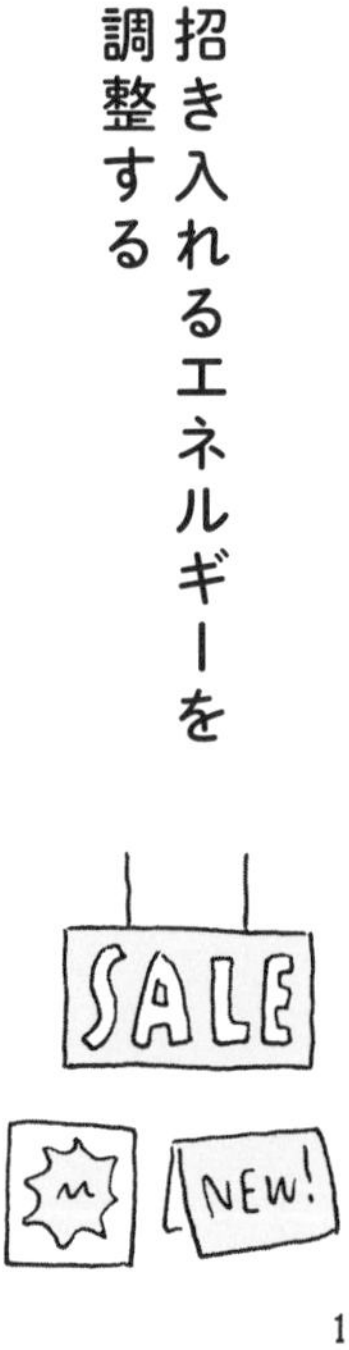

お客様を招き入れる気持ちが強過ぎて、**入口近くにある何枚もの吊《つ》り下げ広告や意味のないＰＯＰで埋め尽くされた店舗**を見かけます。**これもエネルギーの循環に悪影響を及ぼす代表例です。**

お客様の視界や入店を遮るような吊り下げ広告、ＰＯＰ、何年も設置したままのほこりだらけの看板などはすべて撤去しましょう。

入口から店内のカウンターにお客様がまっすぐ意識を向けやすいように、スムーズな動線をつくります。店舗とは経営者の心の写し鏡です。経営者の心が感謝に満ちることで、店舗自体のエネルギーも優しく変わります。

図23 広告物を撤去してエネルギーを招き入れる

METHOD 26

残留思念

物置に放り込んでも解決しない

あなたの自宅や職場に「物置」はありますか。

物置がデッドスペースになっていることは往々にあることですが、**物置に価値のない物品を放り込んでおくと気の流れを滞らせてしまいます。**

すでに亡くなった人の遺品や過去にもらって使っていない土産物などには「残留思念」があり、周囲の気を停滞させてしまいます。

私が空間ヒーリングに出向いたクライアントでも、この事例はたくさんあります。子どもが使わなくなったぬいぐるみなどのおもちゃ類、いらなくなったランドセルやバッグ、お父さんが飽きて放置している健康器具や奥様の美容器具など、捨てるのはもったいないという気持ちだけで、部屋の隅にほったらかしているアイテムはよく見かけます。

特に店舗などを居抜きで譲り受けた場合など、以前の所有者の過去の思念が残っているため、あなたの事業に悪影響を及ぼす場合があります。

表に見えないからといって、押し入れやデッドスペースに放り込んでいたとしても、残留思念というエネルギーであなたを支配しようとします。

不要なものを処分して、在庫と必要なものをわけて、大胆に整理、処分しましょう。

そして**大掃除**です。

天井の埃を取り、床を掃き、窓を磨きましょう。

大掃除が済んだら、最後に壁の目線より上に好きな絵を一枚飾ってみるのをおすすめします。

淀んだエネルギーを動かすために絵や写真を飾るのは有効で、大きな効果を発揮します。

METHOD 27

イベント

商売繁盛のはじめに、まず理念あり

経営理念は、商品を届けるだけではお客様には伝わりません。

いくらいい商品をつくっても、その商品の魅力やその商品をおすすめするあなたの熱い思いが伝わらないといけません。「商品と一緒に理念を共感して買ってもらう」と思いながら商品説明をしましょう。

そこで、私はよく店舗経営者の方に、**経営者としてのミッションに即したイベントを開催することを推奨しています。**

商品や経営理念と結びつく映画の上映会、イベント、自分の心と向き合うための瞑想会などを行って成功した店舗は数多くあります。

ご来店なさったお客様にお声掛けをしたり、SNSを利用したり、自分の身の丈でできる広報活動をすることにより、自らも活性化されて運気も上昇します。

大勢が集まった空間には、その後も人が集まりやすくなります。そのためにも一度、イベントなどを開催して、多くの人々に店舗に来てもらうのは大切なことです。

ただ、ここで間違ってはいけないのは、大勢が集まればよいということではありません。たとえば、無料ギフトや激安セールで、あなたとまったく価値観の違う人々を集めては、後々トラブルの原因になりかねません。

「私たちは、このようなサービスを提供して社会に貢献し、みなさんに幸せになってもらいたい」という考えや主張をシェアして、あなたの理念を共感してもらうよい機会、晴れ舞台を創出するのです。

そのような活動をすることにより、人が集まり、エネルギーの流れとなり、結果としてビジネスの流れが高まっていくのです。

METHOD 28

土地選び

何よりも直感で土地を見極める

私が相談者様からお住まいの空間ヒーリングの依頼を受けるとき、まず最初に住所を拝見します。それは、住所を見るだけでピンとくるものがあるからです。

私の場合ですが、住所に黒いモヤがかかっているように見えたら要注意。そのあとネットで周辺地図を調べ、実際にその場所を訪れると、その土地にまつわる悪い因縁や多くの霊、磁場の乱れなどに必ず気づかされることになります。

「なんとなく内見に行きたくない」

「最寄駅に降り立ったとき、急に気分が落ち込んだ」

「物件までの道のりがどんよりしている」

「扉を開けたとき、人の気配があった」

霊能者でなくとも、直感は誰にでもあります。

すべて、あなたの正しい直感です。

ぜひ、そのファーストインプレッションを信じて大切にしてください。


ただ、私たちは目に見えるものに惑わされやすく、見栄や利益を最優先しがちです。


「憧《あこが》れの土地だから」

「予算内に収めたいから」

「仕事場に近いから」


こうした目先の欲が大切な道しるべを打ち消してしまいます。

土地選びは人生を左右する重要な選択です。

トラブルや霊的なエネルギーの影響を事前に避けるためにも、業者や他人の意見にも惑わされず、自らの直感に従うのは大切です。

METHOD 29

磁力

磁場の乱れは最重要チェック項目

磁力というものの心身に及ぼす影響は計りしれません。

もし、あなたが転勤や新居を構えたり、新たに事業をし、事務所を借りる際に気をつけたいことをお伝えしておきます。

コンビニやATMの位置より、まず最優先していただきたいのが磁場の確認です。

空間ヒーリングの依頼を受けて現場にうかがうと、体調不良などトラブルの原因が磁場の乱れであることが多々あります。

磁場の乱れは、人間の気の流れに影響します。

集中力が散漫になったり、頭痛やめまい、不眠などの原因になり得ます。特に自律神経が乱れやすくなるので、長く放置すれば重い病気につながる恐れもあるのです。

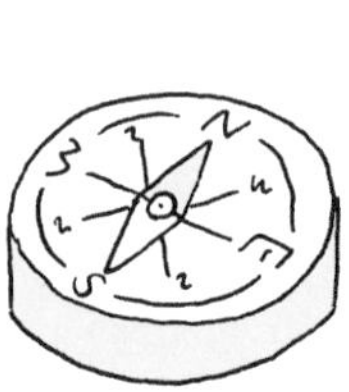

磁場が乱れている場所は、霊的エネルギーが集まりやすくなります。

これまで私が解決してきた空間エネルギーの乱れ、霊の影響などは、磁場が乱れた土地で起こっている確率がとても高いのが事実です。

霊の影響を調整するには、お祓《はら》いや空間ヒーリングなどの対処法も有効ですが、事前に見つけて避けるに越したことはありません。

これからは、家や土地を見に行くときは必ず**方位磁石**を持っていきましょう。**床に置いたり、ゆっくり上下左右に動かしたときに針の動きが狂うようでしたら、その物件はよくよく条件を吟味する必要があります。**また、高圧電線、変電所、線路の近くなどは磁場が狂いやすいので、ご注意ください。

もし磁場が乱れているような場所にお住まいでしたら、麻のカーテンがよいといわれています。麻は磁場の調整をするので、使用してから体調が落ち着いたという方が多数いらっしゃいます。

METHOD

30

神社

神社は祀っている神様を確認するべき

最近は、年配の方々ばかりではなく、若い人たちの間でも神社・仏閣などの散策がブームになっています。

神社の近くにある土地は、神様に守られている感じがして住みたい人が多いと聞きます。

確かに、神様のありがたい守護に恵まれた土地もとても多くありますが、神社の近くに住むときは慎重に調査することも大事です。神社との相性というものは、誰にもあるものなのです。

以前、お住まいの空間ヒーリングにうかがったとき、近隣にある神社がとても気になったことがありました。

そして、その神社の神様を調べてみると、相談者様との相性があまりよくないことがヒーリングによる調査によってわかりました。

また、歴史を辿ると、戦さなどで亡くなった多くの「たましい」を慰めるために建てられた神社も数多く存在します。

このように、神様を祀るというよりは亡き「たましい」を祀る目的で封建された神社もあるのです。

お目当ての物件の近くに神社がある場合、その神社の歴史や祀られている神様についても調べてみましょう。インターネット検索や地元の大家さんに尋ねてもよいと思います。

また、宮司さんのお人柄や、清潔にきちんと神様を祀っているか、神社に行って確かめることも大切です。

神社にも霊は集まる

神社は大勢の迷える人々が神頼みをしに集まる場所でもあります。

そして生きている人間が集まるのと同じように、霊も集まる可能性があります。

最近は神社の境内にマンションが建てられることもあり、そこに住む人からのご相談を受けることもありますが、一概にすべての神社の近くがよくないというわけではありません。

時間帯によっても気の流れが違い、たとえば「早朝の境内はとても気持ちがよかったけれど、夕方だとなんとなくどんよりしている」と感じるかもしれません。

もしそのような雰囲気やエネルギーの流れなどを感じるなら、体調や心になんらかの影響があるかもしれません。

そのような場合、窓のカーテンに麻を使用したり、塩で結界をつくるのはよい対処法です。そして**一番よい対処法は、瞑想を通してグラウンディングして結界を強くする方法です。**

METHOD

31

井戸

神様が宿る場所を埋めていませんか？

「引っ越したとたん、子どもの咳《せき》が止まらなくなった」
「いくら除湿しても部屋がジメジメしている」

そんなご相談を受けたことがありました。

実際に相談者様のお宅にうかがうと、お子さんの部屋の真下にかつて井戸があったことが調査でわかりました。家主にご確認していただくと、やはり随分前のことですが、その家を建てるために井戸を埋めていたことがわかりました。

井戸には、その家や土地を守る神様が宿っています。

なんらかの理由で井戸を埋めなくてはならないときは、神主に依頼して神様にお許しをいただく儀式を行う必要があります。そして、その井戸には事前に管を挿して、埋めた後も水脈から立ち上がってくる気流の出口を設けなくてはならないのです。

相談者様のお宅では、それらすべてを行わなかったので、井戸のエネルギーの影響を受けてお子さんが体調を崩されたことがわかりました。

そこで、ご家族全員で瞑想とグラウンディングをして、神様にお詫《わ》びと感謝の気持ちをお伝えしました。お子さんの部屋に黄色い絵を飾り、地下から立ち上ってくる強力なエネルギーを中和させて家全体に流しました。すると、その日からお子さんの咳はピタリと止まり、家の湿気も目に見えて解消されました。

このお宅の場合は体調不良と湿気で収まりましたが、**井戸を潰すことでどんなことが起こるか、誰も想像はできません。**

私たちは自然に生かされている小さな存在です。いつも礼節をわきまえて畏敬《いけい》の念と謙虚な気持ちで生活することが大切です。

住人の都合で、神様が宿る井戸を埋めている土地があるようです。

家や土地を選ぶときは大家さんに尋ねるなど、必ず確認してください。

METHOD 32

水辺・湿地

水気には霊が集まりやすい

霊は私たちと同じようにかつて人間として生きていた人たちがほとんどです。そして死んで肉体がなくなった後に、「たましい」と心だけになった状態なのです。彼らの「たましい」はもともといた場所に戻らずに、死んでも生きていた時の気持ちや現世への執着が消えてないのです。そういった霊は、生前の生活を続けようと肉体を欲しがったり、イメージで身体を再生しようとします。

昔から怪談の舞台は決まって雨の夜や沼地など、ジメジメと湿った場所が多いです。**その理由は霊が水の粒子を使ってイメージの肉体をつくろうとするからです。**そういった理由もあり、湿気の多い夏、水辺、滝、海などでは霊の存在に気づきやすくなるのです。

川や沼地、貯水池、湖の近くの土地は、霊が集まりやすい場所なので注意して見てください。柳の木の下に幽霊が現れるなどの怪談話は昔からあります。柳の多いお堀端などの下には、柳の根がしっかりと張っていて、そこに水分が集まりやすいからなのです。また、苔《こけ》やカビが発生しやすい場所も湿気が多いのでおすすめできません。問題を抱えたクライアントから相談を受けてお宅にうかがうと、すぐ近くに川があったり、周辺が湿地であることが多く、水の影響は侮れません。

すべての水辺のエネルギーが悪いというわけではありませんが、よい条件が揃っていたとしても、水辺近くの物件はよく吟味するのがよいと思います。

もしすでに水辺の近くに住んでいる方がいましたら、毎朝最低10分間は窓を開けて風通しをよくして湿気を追い出しましょう。そして冬は部屋を暖かくして換気を小まめにしましょう。

特に台所やお風呂場など、水分がある場所は、カビが生えないように湿気を拭《ふ》き取るのが大切です。グラウンディングはこの状況でも効果を発揮します。結界が強くなり、湿気がなくなったり少なくなったりしてネガティブなエネルギーや霊が消えるのです。

METHOD 33

地形

できるだけ避けたい地形について

急な斜面や崖の近くは、自然災害を避けるためにも注意が必要ですが、エネルギー的にもよいわけではありません。エネルギーの流れが乱れやすい場所なので、体調不良やトラブルに見舞われやすいでしょう。

急な坂の麓や長い階段の真下もエネルギーが停滞しやすく、霊的なエネルギーや悲しみや憎しみなど重いエネルギーが溜まります。行き止まりや地形が窪《くぼ》んでいる地域も同様です。

風や水の流れと同じく、エネルギーも基本的に上から下に流れます。

ゆるやかな流れのある心地よい場所を選びましょう。

図24 エネルギーが停滞しやすい地形

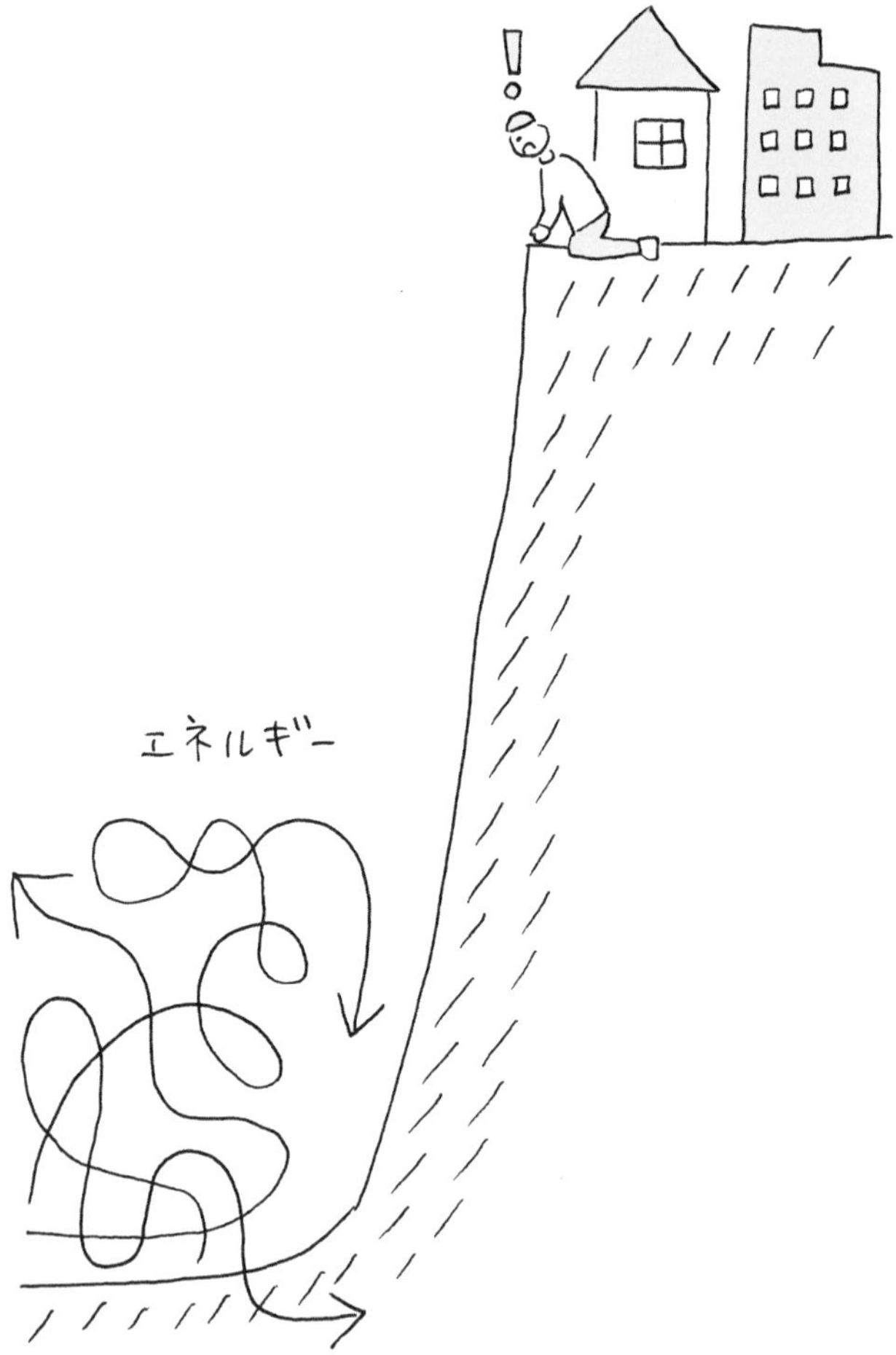

METHOD 34

事件・事故

不意な出来事が起きやすい土地

世の中には不幸な出来事が立て続けに起きるという痛ましい現象が起こる場合があります。

あるとき、空間ヒーリングのご依頼を受けて、その方が購入した土地へ向かうと、近所で毎年、若者が亡くなる事故が起きていることを知りました。

周辺を散策すると、かつて古戦場であったことが瞑想を通じて感じられました。その後、近隣にある神社の由来を調べることで、事実だと解明しました。

また、別の方から家庭の問題の相談があってお宅にうかがうと、すぐ近くの踏切が自殺の名所となっていることがわかりました。

地元の人に話を聞くと、すでに数十名の方が亡くなっているということでした。このような場所でも、真摯に自分の心の中にある「死への恐怖」に向き合って、死者への尊厳を持って瞑想をすると、空間にエネルギーが流れてくるのです。

グラウンディングで結界を張る

水辺のくだりでもお伝えしましたが、この世界に未練を残した霊はイメージで肉体を再現しようと周辺をさまよっていることがあります。

そして亡くなった瞬間の思念、苦しみや悲しみ、寂しさなどといったネガティブな感情と波長が合うと、そこにいる霊がオーラの中に入ってしまう場合があります。

そうなるとネガティブな感情が増幅され強い思いに変わっていきます。

事前にわかるようであれば、悲しい事件、事故の多い場所には住まないのがベストです。

しかしながら、グラウンディングと瞑想を行うことで結界を張り、これらの場所をエネルギー的に安全な場所にすることは可能です。

そうすることで、購入された土地には無事に家が建ち、立て続けに起こっていた踏切事故はぴたりと止まった例もあります。

グラウンディングは、その土地が持つネガティブなエネルギーの連鎖を塞ぎ止めるのです。

ネガティブなエネルギーは引き寄せあう

霊のせい、誰かのせい、そして土地のエネルギーが悪いというのは簡単です。

しかしそういったネガティブなエネルギーや人や霊を引き寄せてしまうというのは、どこか本人に何かしらの問題があるからです。

そういった問題の根本的な原因は、ほとんどの場合は心の中にあります。

自分の心の中にあるネガティブなエネルギーが同じ波長を持った人や物を引き寄せてしまうのです。

これは残念ながら本当のことで、**もしこういった現象を避けたいと思うならば、瞑想を通して自分自身のネガティブな感情を見つけて手放すことが最適です。**

常日頃からネガティブな思いに同調しないように、心を明るく持って前向きに生活することが大切です。

ノートに書いてゴミ箱に捨てる

もしいつまでも引きずってしまって忘れられない出来事があったなら、それらの出来事をノートに書いて、瞑想をします。目をつぶって「このことはもう手放す」と決めて、深呼吸をゆっくり3回して心を落ち着かせます。目を開けた後、そのページだけをちぎってゴミ箱に投げ捨てると気持ちもスッキリです。

文字通り、書くことでネガティブなエネルギーを紙に移して手放すのです。

これを瞑想する前後などに一緒にすると、いつのまにか前向きな気持ちになっていきます。

このような作業を通して、何事においても前向きに、ポジティブな考え方を持つのが大切です。

嫌なことやネガティブな出来事はゆるやかに手放して、そしてよかった事柄や楽しい出来事などに対して、感謝の気持ちだけを日記やノートに書きこんでいくのをおすすめします。

図25 ネガティブなエネルギーはノートに書いてゴミ箱に捨てる

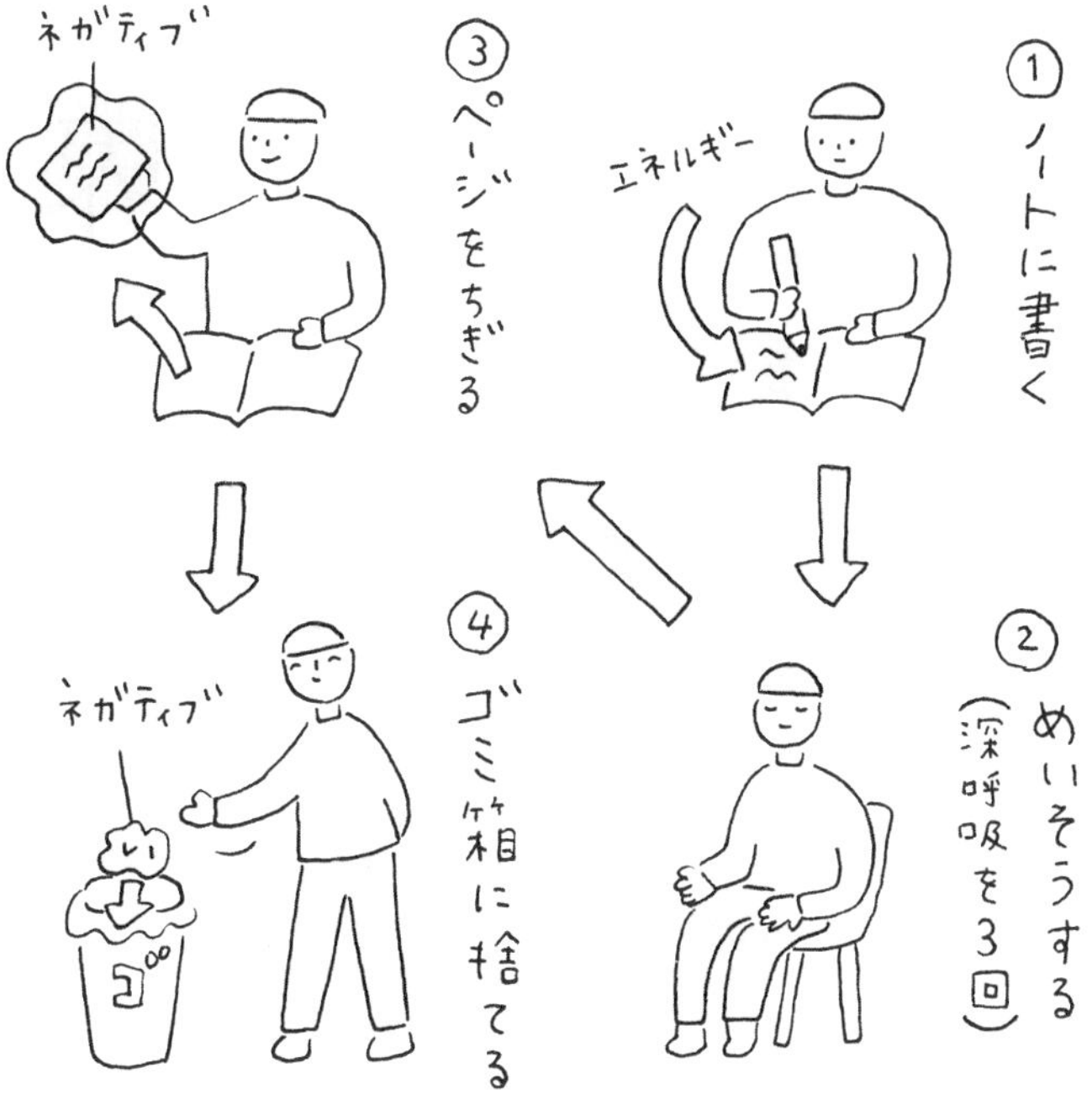

METHOD 35

結界

オーラを強化して邪を寄せつけない

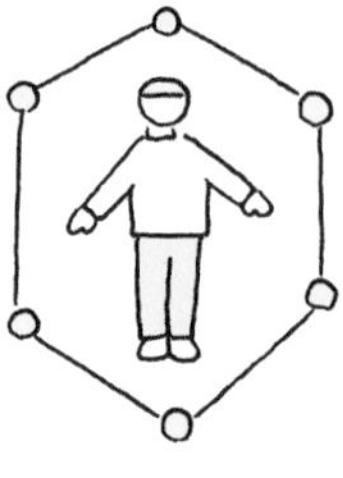

「急な引越しや転勤が多い」
「持ち家なので引っ越せない」

このように、**思い通りの土地に住むのはなかなか難しい**のが実情です。
時代が進むにつれて歴史も重なるので、土地の持つ因縁も増えていきます。
そこで最後に、**どんな土地でも有効な「結界の張り方」**をご紹介いたします。

神聖な場所と俗世を区別する

もともと結界とは「神聖な場所と俗世を区別するもの」「悪霊から土地を守るため

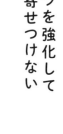

のもの」であり、かつての日本では神社が地域の結界を張る役割を担っていました。

ところが、時代の移り変わりや神社と地域の人々との関わり方の変化によって、現代では結界が崩れている地域が多くなっています。その結果、過疎化が進んだり、事件や事故が多くなったりしているのです。

結界を張るためのグラウンディングは、まずはスピリット（「意識」「たましい」）、次に「身体」、そして「身体」を包むオーラ（「心」）の順番、つまり、内側から外側へ浄化が広がっていくような意識を持って行うのがポイントです。

人間の「心」と「身体」は、その根本となる人生の目的や「たましい」がグラウンディングされて結界が張られてないと、周囲の人たちに影響されやすくなります。

一方、確固とした理念や自分自身を持ってさえいれば、誰かの悪い思念や霊などの無駄なトラブルに惑わされずに済むのです。

そのためにはまず、CHAPTER1〜2で取り上げてきた、自分の意識――心――身体の「意識」の部分、つまりたましいの理念、ミッションを明確にすることが大切です。それがご自身を守り、あなたがいる場所をパワースポットにする起点となるのです。

グラウンディングと瞑想を通して、自分の内面を清らかにして、会社や家の理念やミッション、コンセプトを決めることで、自分のオーラを強化して、家や会社に結界を張ることにつながります。

オーラの範囲を広げていく

では、具体的な「結界の張り方」をご紹介します。

①たましいのグラウンディング、身体のグラウンディング、オーラ（「心」）のグラウンディングの順にそれぞれを強化して浄化をしていきます。
②部屋全体を風船のようにイメージします。
③その風船に糸をつけて地球の真ん中につなげるようにイメージして部屋をグラウンディングします。
④それから範囲を少しずつ広げていって、建物全体、その後は周辺10メートル、20メートル、町内へと、どんどん広げるイメージをします。

図26 オーラを拡げて周囲に結界を張る

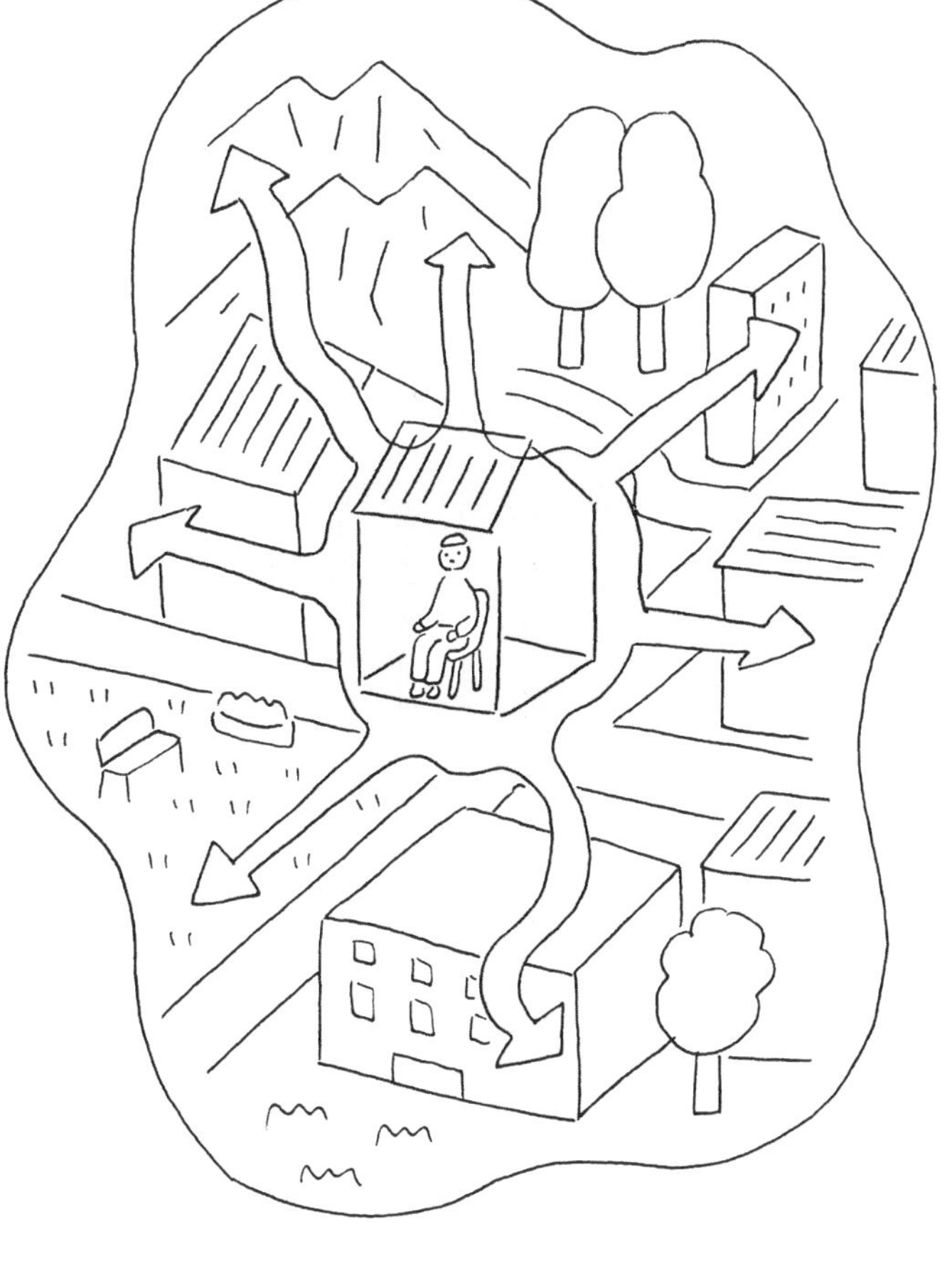

このとき広げる範囲（風船の大きさ）を明確に定めることが大切です。たとえば、ご近所に心配な場所がある場合は、その周辺を浄化するイメージをしながら行ってください。

店舗やオフィスをパワースポットにするためのグラウンディングと、結界を張るためのグラウンディングは根本的には同じです。

努力してもどうしようもないとき。なかなか解決できない問題があるとき。

そんなときに、瞑想を通して自分自身のこころに向き合って自分の弱さを認める。

そしてグラウンディングを通してエネルギー的に安全で安心できる空間をつくることで、思いもよらないところからエネルギーが流れて運気が高まっていきます。

ぜひ、日々実践していただくことをおすすめします。

METHOD 36

たましい

心を開いて運気を呼び込む

私たちのすべての行動や感覚は「意識」が司っています。

そして**「意識」の本質は「たましい」と呼ばれるものです。**

「たましい」とは、もともとはピュアで純粋なものです。いうなれば神社にいる神様に近いものです。

私たちはいつか死にます。そして身体は朽ち果て、土へと帰っていきます。

ところが、死んで私たちのすべてが終わりというわけではありません。肉体がなくなっても「たましい」は存在し、人間の「心」はその未練を残します。

すべての人が死ぬときに「自分の人生は最高に幸せだった」と明るい気持ちで死んでいけば、心に未練は残りませんが、逆に「悔しい」「残念だ」などというネガティブな思いは死んでも消えないのです。

霊は空間の淀みの原因

なんらかの執着する気持ち、たとえば「恨み」や「悲しみ」「苦しみ」などのネガティブなエネルギーを持ちながら死んでいくと、そのエネルギーは死後や来世に持ち越してしまい、「たましい」は元来た宇宙へ帰れません。

そうした「たましい」は、「心」に執着を宿したまま「霊」として地上に残るのです。「霊」の存在は、私たちが暮らす空間の淀みや停滞の原因となってしまいます。

私たちは「経験」を通してだけ幸せになれます。「身体」があるから経験ができるのです。「身体」がなければ、幸せを感じることはできません。

「たましい」は本来、幸せになりたいという目的を持っています。だからといって、人の運命は自分の努力だけで解決できるとは限りません。無念な気持ちを引きずってしまうこともあります。

残念ながら幸せを得られない「心」を抱えてしまった人には、瞑想をおすすめします。そんな「心」を浄化すると、自分の「空間」がパワースポットに変わっていくのです。

本書で解説してきたように、自分の空間に純粋な「たましい」を「グラウンディング」をして設置すると、エネルギーの流れが変わります。

エネルギー的に安全で安心できる空間がつくられ、もともと存在する純粋なエネルギーが流れてきて運気が高まっていきます。

大事なのは、臆病で負けそうな自分の「心」の弱さや淀みを認めて、受け入れることなのです。

つまり「心」をオープンにすることです。真摯《しんし》に自分の「心」に向き合うと、自分の「たましい」が幸せになりたいと願っていることが見えてきます。すると自分を愛することができるようになり、罪悪感や「心」の障害などを取り除くことができるようになります。

その結果、すべての事柄があなたを幸せになるように導いてくれ、ポジティブに前向きに人生を過ごすことができるようになるのです。

自分自身の「心」を認めて受け入れることは、パワースポットをつくりだすためにもっとも大切なことなのです。

おわりに

最後に少しだけ、空間に宿る「たましい」のお話をさせていただきます。

もう少しお付き合いいください。


ショッピングセンターや街のベンチに腰掛けて通りを見ていると、店によってお客様の入りが違うのに気がつきます。

明らかに繁盛している店、そして閑古鳥が鳴くようなほとんどお客様がいない店。

店によって違いがあるのがわかります。

一体そのような違いはなぜ起きるのか?

繁盛している店としていない店をよくよく見比べてみると、さまざまな違いがあるのに気がつきます。

たとえば、店の入口の雰囲気が入りにくそうだったり、看板が大き過ぎて主張が強過ぎたり、店員さんが「買ってもらおう」といった雰囲気で話しかけてきたりしています。

そういった雰囲気というのは、店のオーナーの気持ちが前面に出過ぎている場合に起きやすいのです。

「私が頑張らなくちゃ」といったオーナーの気持ちが直接的、間接的に伝わってくる場合、お客様はそのようなお店を敬遠しがちです。

それは親子関係にたとえていうならば、親の気持ちが強過ぎて子どもの自由を束縛しているような状態です。そのような状態のときは、周囲の人たちの意見を聞き入れる余裕がなく、ますます余分な力が入ってしまいがちです。

「頑張れば頑張るほど、力が入り過ぎてしまう」

そんな状態のときほど、周囲の人たちが離れてしまいがちです。それは商売でも家庭でも同じこと。余裕がなくて魅力がなくなっていく瞬間です。

誰かに命令されるだけだったり、自分の意向や気持ちを尊重してくれなかったら、誰でも気持ちが落ち込んだり腐ったりしてしまいますよね。

それと同じで「空間のたましい」の声を聞かないで、自分の我のままにすると、空間の気が落ちてしまうのです。

そんなときは、家や職場といった空間にも「たましい」が宿り、空間が育っていくと考えましょう。私たち人間は、無意識のうちに空間に「光」を感じて、その空間が魅力的だと感じるのです。

ところで、こんな言葉を聞いたことはありませんか？


「あの人のオーラは輝いている」

「後光が射《さ》している」


どうやら私たちは、目に見えなくてよくわからないものを「光」という言葉で表現するようなのです。

「あの人は暗い」「重くて暗い雰囲気のお店」

一方では、あまり関わりたくない人や状況、そして家や職場というのも「光」や「暗さ」で表現します。

これはきっと誰でも「たましい」という存在を無意識のうちに肯定して表現しているからなのです。

「たましい」が宿る空間には、「光」がインスピレーションとなって頭の中に降りてきます。次々と新しいアイディアが浮かんできます。心身にパワーがみなぎります。

そんなときというのは、意識―心―身体が一直線に、「宇宙のたましい」とつながっているときです。これを私たちは、目には見えない「光が降りてきた」と表現しているのです。

すべての物事や空間には「たましい」が宿るとすでに書きましたが、そのことを確信したのは、実は私が発達障がいの子どもたちや家族の方々と瞑想やヒーリングを通して関わったのがきっかけでした。

問題を抱えていた子どもたちや家族に瞑想を教えると、親の気持ちが少しずつポジティブに変わり、それにともない子どもたちの目の輝きが増して「たましい」が宿っていくように感じられたのです。

すると子どもたちの行動や考え方に変化が表れ、親たちもそれまで考えていなかった自分の幸せや、子どもたちの幸せを思うようになったのです。

そして子どもたちの「たましい」の光が増し、彼らと過ごす家族たちの「たましい」も変わっていき、家族が一緒に生活する空間が変化して幸せに満ちていったのです。

私はそんな空間で過ごす家族を見て自分のことのように喜びました。

そして「自分がなぜそのような子どもたちに関わっているのか?」ということを考えてみました。すると、小さい頃の自分の経験があったからだということがわかってきました。

私が中学生だった頃、身体を壊して1年間入院していたことがありました。その頃の私は周りを見る余裕がなく、毎日お見舞いに来る父に対して感謝の気持ちを持つことができませんでした。そしてそれからの私は、体育を見学するようになって運動をすることができなくなったのです。

「何もできない自分。生きている意味があるのだろうか?」

と思って、それ以来ずっとコンプレックスを持ち続けたのです。

父が亡くなって何年かして瞑想に出会い、ヒーリングをするようになりました。何かしら問題を抱えている子どもたちと関わって私がヒーリングをするのは、無意識にあの頃の自分を癒《い》やそうとしていたのだと思います。

昨日までできなかったほんのちょっとのこと、靴紐《くつひも》を結べるようになった、食べるときにこぼさないで食べられるようになった、少し上手に喋《しゃべ》れるようになった、そんなささいなことを家族一緒にみんなで喜べて幸せになれる家庭や空間。

そんな様子を見て、私が入院していたときに亡き父が毎日お見舞いに来てくれた気持ちが、今は理解できるようになりました。

父は私のことを思って心配してくれていた。

私が子どもたちと関わるときの気持ちは、あの頃の父の気持ちと同じなんだと何十年も経ってやっと理解できるようになりました。

愛は永遠で、決して消えてなくなることはない。

瞑想などを通じて、失敗を繰り返しながらも、諦《あきら》めないで「たましい」の声を聞いてください。「光」は必ずあなたやあなたの暮らす空間に注がれます。

それが本書で取り上げた**「パワースポット」の本質**です。

空間に「たましい」を与えて育てていく過程を、子どもを育てるように喜びながら楽しんでほしいと思っています。

運気の上昇などはもちろん大切なことですが、**最終的には、大切な人と、二度と繰り返すことのない特別なときを過ごすための幸せな家や職場。そんな空間を育《はぐく》んでいくのが「空間ヒーリング」であり、究極のパワースポットなのです。**

あなたが過ごす空間が、あなたに幸せをもたらしてくれ、家族や人間関係、そして人との愛や思いやりを経験させてくれ、「たましい」を成長させてくれることを心から願っています。

2020年　春

上田サトシ

【著者プロフィール】

上田サトシ（うえだ・さとし）

6000人以上の人生を幸せに導いた瞑想家
福島県生まれ。武蔵野美術短期大学卒業後、25歳の時に片道切符で単身渡米。BYU-Hawaii卒業後、カリフォルニア州シリコンバレーでIT関連の仕事につくかたわら、超能力開発で世界的に有名なBPI（Berkley Psychic Institute）にて、瞑想、ヒーリング、透視能力を本格的に学び、男性では世界初のスピリチュアル・ミッドワイフ（出産時のサポートを行う「魂の助産師」）の資格を持つ。

BPI卒業後、瞑想家、ヒーラーの育成や6000人以上のカウンセリングを経験する。

20年以上の在米生活を経て、2010年に帰国、「ヒーリング教室シャスタ」を大阪に設立。「たましいの教育者」として瞑想やヒーリングを通して、生きる力の大切さ、心を成長させる方法を大阪、東京で教えている。

また、透視、ヒーリング能力を使い、経営者のための豊かな人生とビジネスを手に入れるSMB空間ヒーリング、カウンセリング、親子・マタニティヒーリングなどを行い、エネルギーが整って生きやすくなる人生の大切さを伝えている。海外、日本での講演会、瞑想セミナー活動にも力を入れている。

著書『いのちのやくそく』（池川明との共著・センジュ出版）。全国ネットワークのコミュニティFMラジオ番組「整え親方の整え部屋」のパーソナリティとして、瞑想を通して人生を豊かにする話や人生相談を放送中。

公式サイト　http://shastahealing.com/
公式Facebook　http://www.facebook.com/energyclearlist/
上田サトシブログ　http://ameblo.jp/shastahealing/

パワースポットのつくりかた

2020年4月1日　初版発行
2022年7月16日　3版発行

著　者　上田サトシ
発行者　太田　宏
発行所　フォレスト出版株式会社
〒162-0824 東京都新宿区揚場町2-18　白宝ビル7F
電話　03-5229-5750（営業）
03-5229-5757（編集）
URL　http://www.forestpub.co.jp

印刷・製本　日経印刷株式会社

ISBN978-4-86680-076-9　Printed in Japan